정점頂點

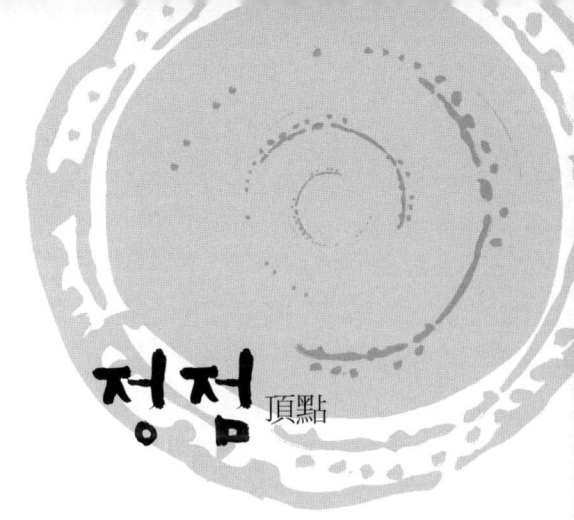

정점 頂點

김선화 수필집

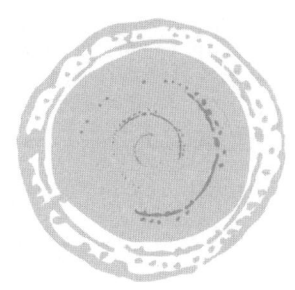

■머리말

의식의 단端 앞에서

하늘의 뜻을 안다는 나이. 그 지천명知天命 고개를 올라서며 방황의 시기가 있었다. 오롯한 생명을 얻어 세상에 날 때 부여받은 몫에 대한 자문이며 확인이었고, 미답의 길 찾기였다. 하여 한쪽 발목은 본토의 울에 묻은 채 산천을 누빈 기간이 짧지 않다. 그건 스스로가 어찌해볼 도리 없는 폭풍이었다.

그 길에서 가장 화두가 되는 것은 앞으로의 나를 어디에 놓을까 하는 점이었다. 급물살을 타는 시간 속에서 가장 나답게 살아가는 길을 추구하며, 은연중에 속박되어온 그물망을 끊는 일에 공을 들였다. 그러면 그럴수록 의식의 단은 더욱 너울대고 옭죄는 현상들이 만만치 않았다.

이즈음 소박한 촌집에서 이따금씩 머물다 온다. 앞뜰에 댓잎

사운대고 토담 벽에 박꽃 기어오르는 사이 다소 헐거워진 여백이 보인다. 비었음직한 자리에는 생명의 소리들이 소란스럽거나 잠을 자거나 한다. 그 여울에서 노는 일이 즐겁다.

 이번에 묶는 수필은 5부를 제외하고는 대체로 글 쓴 순서에 따른 것이며, 일반적인 사람들의 삶과 끈끈하게 손잡고 있다. 이 조곤조곤한 물길이 사해四海에 닿아 많은 이들과 조우하길 소망한다.

2016년 7월

김진희

차례

º머리말 ǀ 의식의 단端 앞에서 4

1. 담배 향연 같은

조금 느리게 가는 기차를 타고 12
신新 열두 광대 이야기 17
화석化石 22
달빛·3 27
소리, 소리, 소리 32
돼지가 우글우글했다 37
폐허廢墟, 그 침묵의 창가에서 41
홍콩야자 그늘에 누워 47
화태로 간 사람들 51
담배 향연 같은 57

그는 왜 새가 되고 싶었을까 2.

62 공유共有
68 객지
74 작가의 여행가방
79 딴청 피기 고수들
83 푸른 까치 소리
89 욕지도 애벌레
94 승화의 극치를 만나다
98 그는 왜 새가 되고 싶었을까
103 신도안 엿 이야기
108 자존심

배웅 3.

114 흡吸
118 길 없는 중에 길이 있고
123 나는 베 짜는 아가씨였다
129 가랑비, 선율旋律로 흐르다
134 빙긋 웃거든 피식 웃어라
141 봉분위에 억새꽃 피고 지고
146 도깨비 콧구멍
151 그 길을 걷고 싶다
155 배웅
164 철원, 그 멍울의 땅

4. 정점頂點

골목은 살아있다　170
멋진 날　176
빛나는 날들　181
돌이 말을 한다　186
고수高手를 향한 노래　191
아버지, 망치를 들다　196
끗발 날렸다　201
정점頂點　207

5. 시어머님의 이력서

시어머님의 이력서　212
욕辱말에 스민 속정　216
밤꽃 필 무렵　221
빗소리 서곡棲哭　226
말 외의 말, 길 외의 길　231
아리랑고개　236

절리에서 생生의 물결을 보다 6.

242 똑똑!
248 절리에서 생生의 물결을 보다
253 직공織工의 방
259 엄마는 스물 한 살 새댁이었다
264 순환順換의 톱니
270 주춧돌
275 여공들이 만든 노래
281 샘과 도랑과 빨래터와
285 황무지

°文學的 自傳 | 우회迂廻의 길목에서   289

1.
담배 향연 같은

조금 느리게 가는 기차를 타고
신新 열두 광대이야기
화석化石
달빛.3
소리, 소리, 소리
돼지가 우글우글했다
폐허廢墟, 그 침묵의 창가에서
홍콩야자 그늘에 누워
화태로 간 사람들
담배 향연 같은

조금 느리게 가는 기차를 타고

―갑천甲川을 지나며

여느 때 같으면 광명역까지 거슬러 가서 고속철을 탔을 터이나, 이번엔 순방향을 택해 수원역으로 나가 새마을호 열차에 몸을 실었다. 조금 느리게 가는 차표를 끊고 보니 모처럼 시간을 돌려놓는 느낌이 된다.

"이곳에서 여우가 두 번 울면 마을에 쌍으로 초상이 난대."
쌍여우 언덕 소나무 아래서 소녀는 점심때도 아닌데 도시락을 풀었다. 건너편 너른 삼밭에서는 사람들이 웅성웅성 일을 하고 있다.
"집집마다 돌며 일꾼을 사러 다닐 때는 언제고, 새벽부터 서둘러 오니까 무슨 인원 넘친다는 말도 안 되는 소릴 해? 공연히 아까운 시간만 허비했잖아."
소녀는 씰룩거리며 밀가루 버무려 찐 보리밥덩이를 입에 욱여넣었다.
"언니도 뭐라고 말 좀 해봐! 억울하지도 않아? 저 책임자란 사람,

하는 짓을 다 봤잖아. 우리가 구걸하러 왔어? 일해 달라고 해서 온 거지."

"냅둬라. 무슨 사정이 있겠지."

"무슨 그런 경우가 있어? 한 번 한 약속은 약속이지. 애초에 사람 수를 맞췄을 거 아니냐고?"

소녀는 서러웠다. 기껏 인삼밭 김매는 일에서조차 어리다고 차별대우를 받는 것 같아 더욱 불뚝 가슴이 되었다. 하지만 학업을 이어가야 할 동생들 생각에 마냥 엄살떨고만 있을 수도 없었다. 그래서 박차고 집을 나왔다.

뒷좌석과 마주 보고 앉아 담소 나누던 옆자리의 여인이 의자를 순방향이 되게 바로 잡아준다. 미안한 마음에 미소로 답례를 보냈다.

평택— 천안— 신탄진…. 고속철과 달리 칙칙폭폭 소리가 반갑다. 봄날의 바깥 풍경도 천천히 지나간다. 서대전을 지나자 두계천과 벌곡천이 합류한 갑천甲川이 나지막이 흐르고 있다. 반짝이는 물결이 유유하니 한가롭다. 이어 애잔한 무늬가 아른거린다. '한때는 저 물살에 낯을 씻고 옷가지를 빨던 시절이 있었지.' 과거 속의 영상이 물결치며 가슴속이 서늘해진다.

그때 소녀는 열여덟 살 여공이었다. 이천여 명을 수용한 섬유

회사에서 이른 아침 갑자기 단수斷水소동이 벌어졌는데, 소녀는 그곳에서 기숙사 생활을 하고 있었다. 사감선생은 공원들을 몇 대의 통근버스에 나눠 태워 대전의 도마동과 가수원 사이의 한 하천가에 부려놓았다. 소녀는 어디로 실려 가는지도 막연한 채, 그리고 하천의 이름이 무엇인지도 모르는 채 어리둥절하기만 할 뿐이었다.

하지만 막상 물살을 만지면서부터는 그 짬에도 토막시간의 낭만을 즐기기 시작했다. 행인이나 인근 부대의 장병들이 더러 의식되긴 하였지만, 그보다는 맑은 물살에 얼굴을 씻으며 옷가지를 흔들어 헹구는 일에서 더 정신적 충족을 맛보았다. 그대로 물가에서 노닐 수 있으면 참 좋겠다는 생각도 잠깐 스쳤다.

그러나 공원들은 다시 통근버스에 올랐고, 누가 먼저랄 것도 없이 박화목朴和穆 선생의 노랫말 <과수원길>에 빠져들었다. 혼자 놀기 좋아하는 소녀도 그 순간만은 무리로부터 분리되지 않고, 차 안에 울려 퍼지는 가락 따라 함께 흥얼거렸다. "동구 밖 과수원길 아카시아 꽃이 활짝 폈네. 하이얀 꽃 이파리 눈송이처럼 날~리네…."

흐르는 물에 얼굴을 씻은 여공들은 다소 들뜬 마음을 여미며 일상을 향해 그렇게 돌아왔다. 인근에는 '만수원'이라는 널따란 농장이 있어 만 가지 꽃을 피워내고, 지역 이름 '가수원'도 노랫말 '과수원'과 어감이 비슷해 여공들의 순정을 더욱 설레게 하였다. 그러나 "향긋한 꽃 냄새가 실바람 타고 솔~솔." 하는 대목에서는 어두운 현실의 장벽 너머로 너울대는 이상세계가 마구 빗발쳐와, 애써 다잡아가던 소녀의 정서에 적잖은 혼란이 왔다.

전국 각처에서 저마다 비슷비슷한 처지로 모여든 여공들―개인의 안락보다는 일찍이 가정의 경제를 얼러 메고 그 끈이 되고자, 버팀목이 되고자 앞장섰던 소녀들. 옷가지에 실밥을 묻히고 손등까지 몽글몽글 땀띠가 솟아도 잘살아 보자는 희망 하나로 의식의 결을 세우던 사람들이었다.

한데 세월이 급물살을 타고 흐르는 동안에도 그 시절의 여운이 가시질 않는다. 오히려 가슴에 촘촘히 수 놓인 채로 풋풋했던 청춘을 반추한다. 번번이 갑천을 지날 때면 내밀한 곳간 앞에서 저절로 서성이게 된다. 지나간 노랫말 속의 투명한 거울이 산업현장에 발목 묶여 안절부절못하던 전라全裸의 소녀를 비추는 까닭이다.

냇물이 빚어내는 거울 앞에서 불현듯 그 많은 사람들이 보고 싶어진다. 그날 저 물가에 쪼그려 앉았던 소녀들은 지금쯤 어떠한 향을 내며 호흡하고 있을까. 또 어떠한 발자국을 만들며 걸어가고 있을까. 교각 아래의 잔잔한 물살이 세월을 되돌리며 이리도 망연하게 거울 구실을 하는데….

― 《에세이문학》 2011. 봄호

신新 열두 광대 이야기

　사람들 감성에 호소력이 짙은 마당놀이를 나는 무척이나 좋아한다. 역할을 맡은 개개인의 몸짓마다 특색이 있어 등장인물 한 사람 한 사람을 실감나게 표현해 낼 때면 절로 박수가 나온다. 심적 파동이 크다는 것은 내 안에 광대다운 기운이 들어 있는 것이리라. 그래서 가끔 한 차례씩 광대놀음을 즐긴다. 그럴듯한 춤동작이라든가 소리다운 소리는 내지 못하지만 내게 주어진 일 앞에서 미치는 것을 주저하지 않는다.
　고로 내 안엔 적어도 열두 광대가 살아간다. 이들은 어느 한쪽으로 크게 치우치는 일 없이 공존의 규칙을 지킨다. 본래의 나는 건망증이 심해 종종 그들 하나하나를 잊어먹고 사는데, 우연히 팔이 여럿이거나 얼굴이 여럿인 불상을 맞닥뜨리면 저절로 갸웃갸웃 내 안의 나를 센다. 이중적인 행동을 보이는 사람에 대해서야 단연 못마땅해하면서도, 겨드랑이에서 솟아난 팔이 부지기수인 형상을 만날 때면 돌아서서 슬며시 미소 짓고 있는 나를 본다. 육안으로 보이는 것이 겨드랑이지, 잘 들여다보면 사람들 흥부의 지시이며 일일이 표현할 수 없는 두뇌의 숨겨진 촉수이지 싶다.

누구나의 삶이 그렇겠지만, 한 사람의 기초가 되는 것들을 따라가 보면 그리 고상하지도 않고 아름답지만도 않다. 몸 하나로 정신 여럿을 아우르고 뒤뚱거리며 가다가 때로는 힘에 겨워 두 다리를 뻗고 대성통곡도 한다. 내 안에 깃든 열두 광대도 그리 변변한 것이 못 되는 집을 확보하고 있다. 하지만 나름대로 애틋한 각기의 공간을 지키며 희열에 찰 때가 있으니, 주축이 되는 그 '들보'라는 것이 참 희한하다.

첫 번째 이야기가 딸의 자리에 대해 자주 생각하는 광대이다. 어떤 연유로 내가 그분들의 딸로 태어났을까. 어떠한 고리로 연결지어져 세상에 나와 어린 날 그분들의 보살핌을 받고, 자라서는 반포조와 비슷한 몸짓으로 어버이를 기쁘게 하려는 행위에 연연했는지 곰곰 따져볼 때가 있다. 가슴속에 앙금이 쌓여 꾸역꾸역 눌러 새김질을 하면서도, 은유에 능한 아버지 곁에서 걱정거리 하나 없는 아이처럼 생글거렸다. 더러는 말로 못 하는 내용을 글로 옮기기도 하면서. 그것이 그녀 특유의 예쁜 짓이었다.

두 번째는 한 집안의 며느리로 살아가는 광대이다. 이 길은 곧 '뼈 묻을 곳'이라고 친정에서부터 배워왔다. 앞뒤 다 잘라내고 시집살이에서는 '외양간의 소만 벗하면 된다 하였다. 앞집, 뒷집, 옆집, 아랫집이 죄다 피붙이인 마을에서의 언행은 자유롭질 못해 사방이 감시자의 눈길 같기도 했지만 친정어머니가 뇌리에 심어주신 외양간의 소가 벗이 되어 지낼만하였다.

무엇보다도 '시댁' 하면 고부간이 화두인데, 시어머님과 여성은 황후와 몸종 같은 존재였다. 시어머님이야 여성을 딸이라 일컬었고 여성도 한동안 신이 나서 그리 믿었지만, 그분의 말년을 돌이켜보면 그녀는 그분을 위무해 드리는데 명수인 시녀였고 이야기꾼이었다. 시모님 와병 중에 번번이 발을 빼려 벼르다가도 "애야." 하는 음성에서 벌써 신변을 다 파악하여 쪼르르 달려가 호호 불어드렸으니…. 모순되게도 그런 여성에게 시어머님은 "이년아, 저년아."를 입에 달고 지내셨다. 그러구러 그분과 이별한 지 이미 여섯 해, 여성은 시어머님의 욕말이 그립다며 빈 하늘을 본다.

세 번째가 한 남자의 아내로 살아가는 몫의 광대이다. 처음엔 콩깍지 씐 눈으로 얌전하게 생긴 남자를 믿었다. 새둥지로 말한다면 봉황은 못 되어도 우직하니 까치집 정도는 지어낼 수 있는 재목감으로 점쳤다. 혹 미흡한 점이야 아녀자의 품으로 보완해주면 될 것이라 여겼다. 그리고는 그에게 딱 잡혀 살길 작정하고 둥지를 틀었다. 밖에 나가 만만히 여길 사람 없으니 집안에서 안사람이라도 이기라는 속뜻으로, 곤곤한 발을 닦아주는 등 엽렵한 색시 노릇을 하였다.

그러나 동고동락한 지 스무 해를 넘기고서야 터득한 것이 있으니, 사람에겐 타고난 그릇의 크기가 있다는 점이다. 아무리 큰 둥지에 앉히려 해도 참새 둥지 주인장 정도의 그릇임에랴. 그것을 알아챈 여성은 이제, 남편의 무디어가는 날갯짓 앞에서 그저 헤프게 웃는 하회탈이 되어간다. 천성적으로 웃음 많은 그녀지만 이렇게 되기까지는 심산유곡에서 도 닦듯이 움츠린 세월이 길다.

이 밖에 두 아이의 엄마로서, 형제들 간의 윗자리에서, 그리고 동서들 간의 중간 자리에서, 각기 처한 공간에 따라 다른 사람이 된다. 문학의 길에서는 삶의 진솔한 면을 두런거리는 수필 쓰는 사람으로, 함축된 언어로 서정을 노래하는 시인으로, 그리고 서사의 힘을 받아야 하는 소설의 성향으로, 더 나아가서는 글을 지도하는 자의 입장으로 각기 다른 색깔의 광대가 된다.

이렇듯 삶의 요소요소에서 균형을 잘 유지하려 하지만 솟구치는 기운의 대표적인 예를 꼽는다면, 아무래도 사랑이라는 올무에 걸려 너울대는 어름사니라 하겠다. 이때 공중에 띄워진 줄이 수평으로 잠잠해질 때까지, 경중거리는 광대의 몸짓은 쉬 멈추어지는 것이 아니니까.

이러니저러니 해도 숨소리조차 크지 않은 또 하나의 자신을 만날 때, 그 광대는 지극히 순연한 자연의 일부가 된다. 돌이 되었다가 물이 되었다가 바람이 되었다가 하며 사람으로서 가장 순박한 본연의 모습을 본다. 그럴 때는 자기 안의 온갖 귀가 열리고 몸의 세포가 올올이 깨어난다. 그리고 한 번도 도달해보지 못한 이상세계로의 안내를 받는다. 하지만 현실을 지탱해가는 사람으로서 그런 공간에서의 체험은 결코 길지도 흔하지도 않다.

어쩌면 우리들 영육에 깃들어 살아가는 이 복잡한 기운들이, 사람의 한 생을 책임지는 들보인 모양이다. 그렇기에 저마다 그것들의 희롱을 부인할 수도 뿌리칠 수도 없는 것이리라. 그럴 바엔 아예 마음의 눈을 더욱 맑혀 그것들을 덥석덥석 그러안는 수밖에. 한낱 물거품일 수 있는 일상 속에서 생의 들보로 들썩이는 몸짓들을 잘 안고 업고 노는 일도, 우주라는 큰 공간에서의 스스로를 가지런히 정돈하는 길이다.

— 《한국수필》 2010. 12월호

화석化石

지구과학을 공부하는 아들이 선물로 겸재 정선(1676-1759)의 진경산수화 같은 돌조각을 내민다. 포항에서 직접 찾아낸 5천만 년 전의 굴화석이라며 신이 나 있다. 그걸 받아들고 있자니 풍화작용 속의 서늘한 바람이 내 가슴으로 스민다.

내게도 화초분 사이 다듬잇돌 위에 떡하니 올라앉은 돌이 하나 있다. 여러 해 전 여행길에 만난 나뭇잎 모양인데, 남한강 가에서 후배가 집어 들고 환히 웃는 것을 내가 탐이 나서 저 자리에 두었다. 어른 손바닥 크기의 평평한 돌에 고르게 돋은 잎맥의 문양, 그것은 이미 내 눈에 띄는 순간부터 돌 자체가 아니다. 혈관이 툭툭 불거진 장부의 기상이다. 웬만한 세상살이에 끄떡 않는 아버지의 손등이며, 규모 큰 안살림으로 뼈마디가 굳어가는 아낙의 한숨이요, 역경의 시대를 살아낸 우리네 선인들

손이다.

 어쩌면 이 모두가 아닐지도 모르겠다. 연인들끼리 강가에 나와 노닐다가 불현듯 사랑의 증표를 건네고 싶은 한 사람이 돌과 돌을 문질러 갈았나 보다. 거칠고 모난 면을 갈아 후후 불고 물살에 씻어 두 손으로 어루만지며 정인의 가슴팍에 안겨준 것은 아닐는지.

 그런데 아무리 들여다봐도 갈색 바탕의 희디흰 돌기에 의혹이 인다. 인위적이라 치부하기엔 내 비유적 억지가 심하다는 생각이 들어 자연적인 쪽으로 다시 돌아온다. 우리네 얼굴의 땀샘인 양 촘촘한 바람구멍에서 들려오는 노랫가락이 살아 움직이는 이들의 숨결로 와 닿는다. 가장자리의 둥그스름한 부분은 어찌 저리도 고운 곡선을 유지할 수 있었을까. 새삼 어떠한 일에 타협이 잘 이뤄지지 않아 불뚝거리는 내 성미가 부끄럽게 느껴진다.

 애초부터 저 모양의 둥글납작한 돌은 아니었을 것이다. 큰 바위에서 한 귀퉁이가 떨어져 나와 비바람, 흙과 물살에 대항하다 쓰러지다 나동그라져 뒹굴며 유유히 세월을 보내고 있었겠지. 그러다가 어느 인부의 손에 걸려들어 수많은 연인들이 산책하는 강가의 제방 둑에 옮겨졌으리라. 그것을 들여다보며 종종 만 가지 상념에 젖는다. 어느 때는 먼저 발견한 이에게 어서 돌려

줘야지 생각하다가 더러는 잊고 살아, 그도 그간에 잊었겠지 한다.

그러는 가운데 이젠 저 물건이 우리 집의 화석이 되려 한다. 장아찌 눌러두는 돌에 간이 배듯, 내 숨소리와 화 잘 내는 성정까지 울안에 둔 돌에 배일 것 같아 한 차례씩 마음결을 가다듬게 된다.

날이 갈수록 굳어져 가는 사람의 성향도 각기의 화석이다. 변화하는 물살 속에서 고정관념을 깨지 못하는 것이 자신이나 타인에게 얼마나 무서운 복병인가.

10여 년 전 서해 간척지로 공룡 알 화석을 찾아간 일이 있다. 화성시 송산면에 사는 초로初老의 유지 한 분이 특별히 안내한다며 앞장서고, 서예가로 정평이 난 원로문인 한 분과 나는 묵묵히 뒤를 따랐다.

차가 멈춘 곳엔 해초들이 무성했다. 뻘기꽃도 하얗게 해작이는 등, 바다와 육지가 섞이고 있었다. 잡풀들을 젖히며 1km쯤 나아가자 작은 섬이 나타나는데, 이곳이 망망대해였을 때에는 겨우 머리꼭지만 드러내고 짠물에 앙가슴까지 묻었을 바위섬이다.

섬 언저리에 다가가자, 앞선 노인이 발길을 멈추며 우리들에게 공룡알 화석을 찾아보라 한다. 나는 어린 날 보물찾기하던 실력으로 섬을 샅샅이 훑었다. 거친 길을 헤치며 움푹움푹한 바위층 구멍을 들여다보았다. 남보다 먼저 둥그런 알 화석을 찾아 들고 환호할 요량이었다. 아닌 게 아니라 사람 몸이 들어가 앉을 법한 공간이면 죄다 쥐라기 시대의 주인공들 냄새가 나는 듯하였다. 무리끼리 보금자리를 틀고 고락을 함께 했을 그 냄새! 나는 한껏 동심이 되어 풀밭을 누볐다. 꿩들이 푸드덕 날고 토끼들이 화들짝 놀라 달아났다.

한참동안 우리들 하는 양을 지켜보던 노인이 빙그레 웃으며 묻는다.

"그래. 공룡알은 만나 봤습니까?"

나는 재빠르게 팔을 뻗어 섬에서 가장 크고 완만한 타원형의 공간을 가리켰다.

"하하하. 그만하면 섬 공부는 한 것 같으니 이리들 오시지요."

내 예상은 크게 빗나갔다. 공룡알 화석은 큰 바위층에 있지 않았다. 더 오래전에야 바위였을지 산이었을지 모르지만, 지금은 쉽게 지나칠 수 있는 나지막한 지대에 소반 모습으로 펼쳐져 있었다. 대접을 땅에 놓고 흙을 채운 크기로 동글동글한 둘레의 선이 지층에 붙박인 채로. 워낙 공룡의 몸집이 거대하다 했으니 그것의 알도 한 아름은 족히 될 줄 알았는데 내 기대가 허탈하게 무너지는 순간이었다.

　발길 돌려나오는데 구멍 숭숭한 바위 언덕에서 인동초 한 떨기가 희붐한 눈길로 나를 응시한다. 그 질긴 생명력에 발길 잡혔던 나는 오랜 시일이 지나도 그곳에 의식이 붙박여, 그 이전 생명체들의 노랫가락에 귀를 기울인다.

　돌이켜봐도 공룡알 화석은 모체의 뼈대에 비해 결코 크지 않았다. 그럴 것이라고 자리 잡았던 내 머릿속 무지의 화석이 비대했을 뿐이다. 한데 비대한 꾸러미가 어디 이뿐이랴. 지금 이 순간, 수많은 사람들은 저마다 어떠한 고정관념의 화석을 만들며 길을 걸어갈까.

― 《에세이21》 2011. 봄호

달빛 · 3
―성남 고기리 서정

　　첩첩산중입니다. 농작물을 이고 지고 몇 고개를 넘어야 장에 오가던 곳이랍니다. 요즘엔 길이 조금 넓어지고 마을버스가 드나들어 계곡 따라 즐비한 고급음식점들이 주인행세를 하지요. 이곳 경기도에 그런 곳이 있답니다. 성남시에 속하는 고을인데 풍경이 참 아름답습니다. 전원생활을 즐기는 예술가들도 곳곳에 둥지를 틀었지요.
　　그러한 여유가 부러울 따름입니다. 그림 같은 집에 반하여 다가갔다가 소유할 수 없는 현실에 그만 쓸쓸히 돌아서기도 하지요. 어느 때는 무엇에 홀린 듯이 고개 몇 개를 훌쩍 넘기도 합니다. 멋스러운 이름의 안내판에 끌려가다 보면 산 중턱이고, 고갯마루고, 또는 아주 낯선 곳이지요. 그렇게 산골구경을 하고 되돌아 나올 때쯤이면 가슴이 더러 헛헛하답니다.

한데도 이상하리만치 그곳엘 자주 갑니다. 도시의 아파트 숲과 떨어져 자연 속에 묻히고 싶은 열망이 그리로 안내하나 봅니다. 제가 처한 의왕시 오전동에서 출발하면 우선 백운호수로 가는 능안리 쪽 고개부터 넘습니다. 전쟁의 상흔을 안고 있다는 곳이지만, 지금이야 굽이도는 맛이 좋아 많은 사람들이 평지를 두고 그 고갯길을 택합니다.

그 너머에서도 곧장 가는 큰길 대신에 학의마을 뒤편 고개를 넘고, 공동묘지 아래로 우회하는 도깨비 도로를 이용합니다. 내리막길에서 차를 세우고 가만히 있으면 바퀴가 뒤로 굴러 어느 틈에 저만치 물러나 있습니다. 이런 착시현상의 도로가 전국에 몇 군데 된다지요. 원래 높은 곳이나, 주변의 지형 때문에 낮은 곳이 높아 보이고 높은 곳이 낮아 보이는 현상 말입니다. 그 이치를 알면서도 번번이 처음 접하는 사람처럼 차를 세워봅니다.

공동묘지 아래를 한참 달리면 정신문화원 앞길이 나옵니다. 그 길을 어떤 이는 '엄마와 손잡고 가던 소풍 길'이라고 회상합니다. 꽃을 좋아하던 어머니가 봄날이면 어린 자식의 손을 잡고 공동묘지에 가서 꽃구경을 했다 하네요. 아마도 무슨 각별한 사연이 있지 싶습니다.

거기서도 새로 난 터널보다는 옛길을 고수하여 하오고개 쪽을 택합니다. 그러면서 변화하는 자연경관과 더욱 밀착되어 갑니다. 어느 때는 수풀을 헤치며 나오는 사람들 목에 수건이 걸려 있어 함께 웃고, 밤송이가 벙싯벙싯하여 그 결실을 칭찬합니다.

그렇게 물길 따라 빠져들다 보면 군데군데 요양원이 보이고 기도원도 보입니다. 계곡에 도드라진 허연 반석도 자태를 뽐냅니다. 그 여유로움에 눈길 주다 보면 '소리 교습소'란 간판이 마음을 끕니다. 문득, 물소리 벗 삼아 목을 트는 소리꾼들이 그려집니다. 솔바람, 새소리에 에워싸인 반석이라면 득음을 체험했을 명창 몇 명쯤은 배출해내지 않았겠습니까.

그날은 때 이른 폭염 속이었습니다. 지는 햇살까지 기염을 토해 날이 기울기를 기다려 약수 뜨러 나선 길이었습니다. 자귀꽃도 저물고 목백일홍도 제철을 만나 붉디붉습니다.

그 길에 불현듯, 그리운 이들이 떠올랐습니다. 글이 통하거나 마음이 통하거나 눈빛이 통하는 사람들. 그들의 안부가 궁금할 때면 잘 있으려니 믿으며, 걷잡을 수 없이 뻗어나는 마음의 덩굴손을 서둘러 거둡니다. 이때 거두는 능력이 달리면 자칫 낭패를 볼 수 있거든요.

그러는 사이 낮에 그리도 아름다워 보이던 곳이 까만 세계가 되었습니다. 사위가 어둠에 잠기어 간간이 불빛 배어나는 고즈넉한 산골, 그 이상도 이하도 아니었습니다. 물가에 첨벙첨벙

모여들었을 사람들도 쏙 빠져나가고…. 하늘가의 검은 띠가 두렵게 다가왔습니다. 갑자기 유년기로 돌아가는 느낌이 됩니다.

　어린 날부터 저는, 땅거미 질 무렵이면 알 수 없는 슬픔이 몰려옵니다. 표면적으로 구분되는 하늘과 땅의 뚜렷한 경계가 산등성이였던 게지요. 일곱 살 때의 깊은 겨울밤, 이웃 아저씨들이 안방에 빙 둘러서서 외할머니께 수의 입히는 광경을 토방 건너로 보았습니다. 상여를 맞추고 어르며 선소리 메기던 모습도 선연하고요. 그 후부터 어둠은 곧 죽음이요, 죽음은 곧 어둠이란 인식이 자리 잡았던 모양입니다.

　한데 이번 밤소풍 길에 저는 횡재했습니다. 산등성이 위로 둥실 솟은 달이 어찌나 크던지요. 해맑은 창공에 붕긋한 달이 이제 막 낯을 씻고 나온 이의 얼굴이던 걸요. 아무리 말을 참고 마음 추슬러도 제멋대로 뻗어 나간 내밀한 손이 이미 그곳, 그리움의 대상에게로 향해 있지 뭐겠어요. 무섬증으로 잠재된 검은 띠 위로 열나흗날 달빛이 쏟아져 내려 한참을 멍하니 서 있었습니다.

　전혀 예측 못한 공간에서 행복이란 걸 느꼈습니다. 소통이 이루어지는 사람들이 서로 한 하늘을 이고 살아가는 것이 얼마나 큰 축복입니까. 저는 그것을 가장 큰 자산이라 여깁니다. 영혼의 결이 닿아있는 거리는 멀어도 멀지 않고, 침묵이 흘러도 침묵이 아닌 것을 잘 아는 까닭입니다. 때로는 부모 자식 간에, 형제간에, 연인 사이에, 사제 간에…. 나아가 이승과 저승을 초월한 묵시의 대화로까지 이어지지 않던가요. 순간순간의 호흡이 대기를 통해 번져나가 달빛을 매개로 전달되는 힘을 저는 가히 로망을 넘어선 초능력이라 이해합니다.

그날, 제게 달빛으로 다가온 벗이여!

행여 밤 소풍 나갔다가 환한 달빛 만나거든 그 손 길게 뻗어 마음결 풀어보세요. 이쪽과 저쪽의 경계 순식간에 허물어져, 너울거리는 체면의 옷깃 속으로 온 가슴 흔흔하니 젖어들 테니까요.

—《수필시대》 2010. 3,4월호 발표 후,
중국 잡지 《송화강》에 한국작가 선정 게재

소리, 소리, 소리

1.

집이 용인이라는 김갓난 할머니가 중얼거린다.

"동네 앞에서 차가 글쎄 내 몸 위로 지나갔어. 중환자실에서 한 달 만에 깨어났어. 어린 5남매, 과부인 내가 나무해다 팔아서 다 키웠어."

40대에 남편을 잃었다는 그의 의식은 처음 홀로 되던 시절에 머물고 있다. 갑작스러운 충격으로 사고思顧할 기능을 잃어, 85세의 나이에도 젊은 날의 그 강가를 서성이고 있다. 자기 몸 하나 운신이 어려운 지금보다도 이별의 아픔을 추스르던 그 시기에 갇혀, 흐릿하면서도 또렷한 옛 흔적들을 더듬는다.

옆에 붙어있는 간병인이 노인의 몸을 이쪽저쪽으로 바꿔 뉘이며 뒤를 살펴준다. 침대에 대형기저귀를 고정하느라 진땀이 난다. 그러는 와중에도 갓난 할머니의 말은 아기의 옹알이처럼 이어진다.

"내가 5남매 다 가르쳤어. 나무 져다 팔아서, 별의별 장사 다 해서…."

더 듣지 않아도 얼마나 어려운 시대를 딛고 온 애상의 가락인지 다 들리고 다 보인다. 안 해본 일이 없었을 것이다. 시모님을 돌보던 나는 어느 틈에 갓난 할머니 곁에 앉아 있고, 초점을 잃은 그분의 눈빛은 멀거니 천장에 닿아 있다. 어쩌다 눈이 마주치긴 하지만 무표정의 얼굴엔 변함이 없다. 그러다가도 한 바탕씩 호탕하게 웃어젖힌다. 그럴 때는 꼭 쉽게 범접 못할 여장부의 기상이 풍긴다.

"우리 큰며느리는 효부상을 받았어. 내 자식들은 내가 다 부자로 키웠어. 다들 내게 잘 허지."

노인에겐 1주일에 한 번씩 찾아오는 머리 희끗희끗한 큰며느리가 유일한 방문객이다. 간식 꾸러미를 들고 다리를 절뚝거리며 들어선 며느리는 상의 무게에 눌리기라도 한 듯 어깨가 조부장하다.

"참 장하세요. 그렇게 자식들을 키우셨대요."

잠시 들여다보고 병실을 나서는 며느리의 뒷모습에도 생의 쓸쓸한 그림자가 따라붙는다. 그 시대, 우리의 어머니들이 살아온 인생 저변엔 먹고사는 문제가 가장 큰 대안거리였다.

2.

엄마는 개울음 소리를 무척이나 못마땅해 했다. 식솔 건사할 능력도 달릴 때 도둑 지키라는 개가 본분을 잊고 울기 시작하면 금세 언짢은 기색이 되었다.

녀석은 그날 아침에도 감나무 뿌리 보듬은 흙을 한 세숫대야 가량이나 파 올렸다.

"아응~ 아앙 가잉잉~ 끄으으응 응응…."

"저놈의 개가 또 죽을 때가 된 게로구먼."

아침상을 내오던 엄마가 매서운 한 마디를 툭 뱉고는 마당귀퉁이를 향해 눈길을 쏘았다. 낮은 음성이지만 그 어조엔 단단한 용단이 실려 있었다. 더 이상은 한울타리 안에 둘 수 없다는 암시이기도 했다.

남의 집 개가 울어도 심란해 하기는 마찬가지였다.

"저 집 주인, 참 무던하기도 하지. 울안에 기르는 짐승이 너무 영악해져서 탈이야. 옛날에 글쎄, 망령난 개가 어린아이까지 해코지했단다."

여느 때는 까까머리 동생들이 개구리를 잡아와도 야단이고 알품는 암꿩을 붙잡아 와 씽긋 웃어도 부지깽이로 으름장을 놓으며 호통을 쳤는데, 개에게만은 그다지 관대하지 못했다.

"아 글쎄, 만수네 엄마가 아플 때 굿판까지 벌여도 소용 없었잖어. 결국 그 집 아이들은 어미 없는 자식들이 되었고, 게다가 타관으로 이사를 하였고…."

엄마는 개 우는 집 모델을 우리와 담장 너머에 살던 옆집으로 세웠다. 안주인이 일찍 세상을 뜨고, 자녀들이 각처로 흩어진 책임을 다 개란 짐승에게 뒤집어씌웠다.

그러한 걱정을 들을 때면 내 머릿속엔 지레 검은 비가 내렸다. 어떻게 해서든 엄마를 지켜야 한다는 메아리가, 알곡 널어 놓은 뜰에 소낙비 몰려오는 것보다 더 급하게 후두두둑후두두둑 소리를 내며 나를 흔들었다.

3.

얼마 전, 한 초등학교에서 사육하는 닭이 제 본연의 소리 '꼬끼오~' 대신에 '선생니~임!' 한다 하여 웃은 일이 있다. 선생님을 부르는 아이들 소리가 재재거리는 교정이니 그럴듯한 비유다. 재차 들어보아도 영락없는 '선생님'이다. 그렇다면 예전의 우리 집 개는 아기 울음소리가 끊이지 않는 울안이어서, '멍멍' 짖지 않고 '아앙아앙' 울며 아기 흉내를 냈을까.

그때 울안에서 칭얼대던 개소리는 아마도 허접스러운 살림을 꾸려가던 엄마에게 있어, 줄줄이 달린 자식들의 배고파 보채는 소리로 들렸던 것은 아닌지. 장마철 목 놓아대는 청개구리 소리를 어버이 무덤 떠내려갈까 걱정하는 민족의 공통적 정한情恨으로 받아들이는 것처럼 말이다.

우리의 귀를 울리는 소리에는 더러 풍진 세상을 살아가는 사람들의 심정이 얹혀져, 흥겨운 노래가 되기도 하고 한숨어린 눈물이 되기도 한다. 특히 온 나라가 경제난을 겪고 있는 요즘, 식솔들이 밥 먹기 어렵다는 시름 소리가 들려올 때면 근심어린 빗소리로 내 안이 얼룩진다. 심각하게 와 닿는 청년실업난 실태가 요즘 21세기를 건너며 들어야 하는 우리들의 또 다른 슬픈 가락인 것을.

그나저나 나이 드는 줄도 모른 채 50고개로 훌쩍 올라선 나는 이즈음에서 어떠한 소리를 내야 인생의 멋진 하모니가 될까. 아니다, 아니다. 어쭙잖은 소리를 내려 하기보다는 나 밖의 소리에 귀를 내맡겨, 미세한 숨결까지 들어내는 관을 먼저 열어두어야 하리라.

— 《계간수필》 2011. 봄호

돼지가 우글우글했다

촌락, 초가가 있던 울타리 안에 돼지들이 우글우글했다. 춘삼월인 듯, 사방엔 제철 꽃이 피어 낭창낭창한데 사람 사는 집보다 돼지 집이 더 훌륭했다. 시멘트로 잘 정돈된 통로 양 편의 우리에는 종자돼지로 보이는 큰 덩치들이 목을 빼고 주억거렸다. 칸칸마다 들어찬 품새 좋은 녀석들이 족히 대여섯 마리는 되었는데, 통로에 선 이 여인을 향해 꿀꿀 꽥꽥거렸다.

나는 난데없는 변화가 놀라웠다. 사람들의 은신처는 어디로 가고 가축들이 주인행세를 하는 것인가. 한낱 초가라도 그 터에 살던 사람들에겐 금은보화가 넘쳐나는 궁궐이나 다름없었던 것을.

어리둥절해 있는 사이, 인부로 보이는 사람들이 나타나 돼지에게 먹이를 주었다. 그리고 언제부터 지켜보았는지 친정오빠가 내게 차근차근 이른다. 옛집의 골격을 살려두고 현대에 맞게 개조한 것이니 너무 서운해 말라고. 아닌 게 아니라 어린 형제들 뛰놀던 안마당은 그

대로 남아 황톳빛이 여전하다. 머리 센 어머니가 달려 나와 나를 반기고, 형제들도 어른의 모습으로 북적댔다. 말대로 사립문이 나 있던 헛간 쪽의 돼지우리만을 안채에 잇대어 세련되게 고친 것이다.

하지만 나는 눈앞의 변화가 그리 달갑지 않았다. 갑자기 급상승한 축사가 낯설게 느껴질 뿐 찬바람 스미는 초가에 자꾸만 연민이 일었다. 아무리 시대의 흐름에 따른다지만 빈약한 사람의 집을 그대로 두고, 말뚝 듬성듬성 박아 울을 쳐 기르던 가축의 집을 먼저 개량한 것이 영 못마땅했다.

덕분에 돼지들은 건강하게 잘 자라고 있었다. 당당히 한 집안의 재산목록 윗자리에서 주어진 몫을 하고 있었다. 저리 튼실하게 들어차 있으니 바라보는 것만으로도 든든할 일이다. 한데도 자꾸만 사람들의 은신처에 마음이 쓰였다. '식구들 등 기댈 자리가 안락해야 하는데… 사람 사는 곳이 튼튼해야 하는데….' 나는 사람에 대한 연민으로 한참을 흐느꼈다.

그러다가 눈을 떠보니 어처구니없게도 섣달 그믐날의 오후가 기울고 있었다. 한데 꿈속 영상이 뇌리를 채운다. 사람의 주거공간보다 안정된 곳에서 호강하는 돼지들—이는 모순이다. 사람 살기 위한 수단으로 기르게 된 가축이 사람보다 호사를 누리는 것은 분명 어폐가 있지 않은가.

하지만 한 발 더 들여다보면, 그렇게 해서라도 소득을 올려야 하는 집집마다의 사정이 있는 것을 왜 모르랴. 사람의 입에 넣을 것 아껴서라도 가축을 우대하여 살찌워야 하는… 정작 주인은 호의호식을 못 해도 집짐승에게는 비싼 사료를 먹여야 할 수밖에 없는 현실 말이다. 그러한 형편의 소유자들에게 우글거리는 돼지의 고성은 곧 행복의 멜로디이다.

지난겨울 동안 수많은 소, 돼지가 폐사했다. 구제역으로 헤아릴 수 없는 생명이 땅에 묻혔다. 새끼 앞에 모성을 발휘하며 눈물 흘리는 소가 있었는가 하면, 숨져가는 어미의 젖을 빨던 갓난 송아지가 있었다. 안락사를 앞둔 시각, 마지막 가는 길이니 먹을 것이나 실컷 먹으라며 돼지 구유에 사료를 부어주던 농장 안주인의 온정을 눈물 없이 바라본 사람은 없을 것이다. 사람 이롭고자 사육하는 짐승이지만 들은 정 떼어내기로야 가족만 못할 게 무엇이랴.

우리가 자랄 때 가축은 꿈이었다. 돼지새끼 한 마리만 외양간 귀퉁이에 들여도 집안이 다 풍요로웠다. 고것에 거는 기대는 곧사람 성장하는 것과 맞물려 희망으로 일렁였다. 집집마다 기르는 토끼며 닭이며 돼지며 소는, 쌀이며 약이며 학용품이며 등록금이었다.

다시 꿈결을 더듬어본다. 외양깃에 호사를 누리면서도 목청 높이던 돼지들은 과연 내게 무엇을 간구한 것일까. 흔한 풀이대로 꿈속 돼지가 부의 상징이라면 당연히 길몽일 수 있다. 그러나 이번의 경우 그런 예시만은 아니라고 여겨진다. 돼지꿈을 꿨다고 반가워만 하기엔 태풍과도 같았던 동절기의 파동이 너무나 크다. 부여받은 몫을 다하기 전에 어처구니없게 잦아드는 생명에 대해 우리는 얼마나 안타까워했던가. 횅한 바닥 드러낸 빈자리를 보며 무어라 헛헛한 가슴 달래었던가. 그 비통함은 재산목록 우위의 어떤 것을 잃은 것에 댈 게 아니었다. 식구를 잃고 애처로워하는 모습과 크게 다르지 않았다.

이처럼 떼죽음을 당한 짐승들에게 인정과 한숨으로 불러주는 사람들의 장송곡이 가 닿았나 보다. 하여 제법 따사로운 현상으로 비치게 했나 보다. 그래서 이 어쭙잖게 글 쓰는 자로 하여금 그 상想들과 눈 맞추게 하여, 흥얼흥얼 위로의 노래 부르게 하는가 보다.

비록 꿈길이었지만, 모처럼 호사를 누리는 돼지들과 조우해서 참 좋다.

— 《수필과 비평》 2011. 7월호

폐허廢墟, 그 침묵의 창가에서

　책장에 두고 바라만 봐도 머리가 맑아진다기에 유리잔에 담긴 향초를 샀다. 알록달록 물결무늬를 넣어 장식한 것으로 친구 몫까지 두 개를 골랐다. 친구는 내 초에 들어갈 조가비 장식에 날짜와 내 이름을 쓰고, 나는 상대방 초에 넣을 조가비에 친구의 이름을 또박또박 적었다. 오래전에도 촛불 켜고 마음결 가다듬어 글길 밝혀가자며 구릿빛 철재에 꽃잎 주름 잡힌 촛대 두 개를 하나씩 나눠 가진 적이 있는데, 제법 점잔 차려야 하는 이즈음의 나이에도 여러 색상의 초 앞에서 어린아이처럼 흡족해했다. 이미 촛농 흥건한 심지를 보는 듯 내면이 그윽해지기까지 했다.
　그런데 촛불 흔들린다. 갑작스러운 회오리바람과 함께 천둥번개가 치고 비 쏟아진다. 하룻밤새 낙뢰의 흔적으로 땅이 패고,

의연하게 품새를 자랑삼던 나무들이 송두리째 뿌리를 보이며 고꾸라졌다. 이리저리 연결된 고압선이 한바탕씩 으름장을 놓는 바람에 전류가 끊어지고, 공장마다 기계가 멈추고, 고층빌딩의 통유리창이 흐이잉흐이잉 울다가 제 무게를 견디지 못해 와르르와르르 내려앉았다.

연상 작용은 엄청났다. 파문이 물에서만 일어나는 것이 아닌 줄을 진작부터 알고는 있었지만, 그 여파가 이리 어마어마할 줄은 몰랐다. 바람은 비를 부르고 비는 번개를 동반하여 이리 번쩍 저리 번쩍 위협을 가했다. 순식간에 멀쩡히 서 있는 나무를 찾기 어려워졌다.

좀 전까지만 해도 안락하던 수목 지대— 주체격인 한 그루의 미루나무가 거센 바람을 맞아 중심을 잃었다. 윗가지부터 밑동까지 늠름하던 풍모를 잃고 식은땀을 줄줄 흘렸다. 그러다가 어느결에 팔다리가 축축 처지나 싶더니 비실비실 주저앉았다. 그 맥 못 추는 현상 앞에서 수목들이 아우성을 치며 비틀거렸다.

바람은 신이 나서 꼬리에 꼬리 물린 말을 실어 날랐다. 이 능선 저 능선 넘어, 고을과 고을 사이를 옮겨 다니며 스치는 대로 귓등을 간질였다. '글쎄, 나무들이 뒤엉켰다가 풀어지고, 얼싸안았다 놓아주고 했대.' 그러자 여기저기서 수선스러워지기 시작했다. 낮새가 지절대고, 밤쥐가 찍찍거리고, 수목들은 파르르파르르 떨며 무성하던 이파리를 몽땅 떨어뜨렸다. 대꾸에 흥이 더한 바람은 협곡과 협곡 사이를 경중거렸다. '내 말 들어볼래? 후잉! 이 말 들어볼래? 쏴아!'

환란이다. 대환란이다. 고요하던 소우주에 감당키 어려운 폭풍—나무들은 바람의 장난질에 한바탕씩 요동을 치다가 겨우겨우 몸을 추슬렀다. 그리고는 지금 참 요상한 꿈을 꾸고 있는 거라며, 저마다의 생채기를 어루만졌다. 누가 뭐래도 이건 꿈이다. 어서 지나가야 할 몹쓸 악몽이다.

여과의 시간이 필요했다. 살아가는 길에 맞닥뜨리는 일 중에서 무엇이 유有이고 무엇이 무無인가. 사철 푸를 것 같던 나무가 푸르지 않고, 사람과 사람 사이 언제나 아름다울 것 같던 화음이 고운 선율을 잃은 지 이미 여러 날인 것을.

폐허다. 근원이란 무엇일까. 어디가 시작이고 어디가 끝인가. 오랫동안 쌓아온 신의가 무색하도록 황량해지려는 내 안의 벌판— 지켜주고 싶은 고유의 울타리가 와르르 무너지는 처참한 소리…. 흘러야 한다. 새로이 불어오는 청량한 바람에 귀를 씻고, 천번 만번 물이 되어 흐르면서 지극히 가벼워지는 것. 그리고 아무것도 보이지 않고 잡히지 않는 공간에서 다시 스스로를 일으켜 세우는 것. 그것이 진정한 자신을 만나는 길이리라. 그러나 출구가 좀처럼 보이지 않았다.

차라리 침묵 속에 들기로 했다. 몸을 달팽이처럼 움츠리고 촉수나 간간이 뻗어 누가 언제 햇살을 쏘이는지 누가 어디서 쾌재를 부르는지 동향이나 살피다가, 그것마저 신통찮으면 세상만사 데면데면 여기는 게 능사라고 좀 더 세련된 합의점을 찾아보려 하였다.

유배 온 듯한 생활을 자처한 나는 사람들 속에서 비교적 멀리 떨어졌다. 주변에서 벗어나 나만의 소리를 듣는 시간을 귀히 여기기로 했다. 한 차례 고비가 지나고 나면, 들썩이던 일들이 은연중에 가라앉아 차츰 맑은소리가 들릴 거라고 옅은 희망에 매달렸다. 그 바늘구멍만한 빛을 믿으며 아끼는 사람들 간에 묵언의 최면을 걸었다. 그것은 바로 권태 견디기와도 흡사했다. 그러면서 날마다 촛불을 켰다. 멋스러운 향초만으로는 부족하여 아예 굵직한 기둥 모양의 초에 불을 밝혔다. 단정하던 사람의 감정이 넘쳐나듯 가지런하던 양초의 외형이 변형되어 흘러내린다.

눈물이다. 앞도 뒤도 꽉 막힌 현실 속에서 무엇을 꾀해야 하는가. 긴긴 세월 동반자로서 일전 초를 나눠 가진 친구는, 거세게 몰아닥친 소용돌이에 치어 막막한 시간의 늪에 서 있을 따름이었다. 나는 점점 깊이 젖어드는 양초의 심지를 보며 일념一念을 다하였다. '일어나라. 일어나라. 그 침잠 속에서 훌훌 털고 깨어나 또 다른 모습으로 뚜벅뚜벅 걸어라.' 그러면서 영원할 수 없는 세상사 이치를 확인하기도 했다.

들어가는 길이 병의 목처럼 잘록하여 병목안길이라 하던가. 서해, 바다를 막아 육지가 된 곳을 한참 달리다 보면 가운데가 움푹한 채석장이 나오는데 뚝 잘린 산이 연민을 불러일으킨다. 오래전 섬이었던 곳에 불법으로 둘러친 가축의 막사도 이채롭 기는 마찬가지, 이들을 내몰아야 한다는 붉은 현수막이 바람에 나부끼고 있다.

그 모퉁이에 서서 광활한 간척지를 본다. 바람결 따라 휘어지는 갈대무리 속으로 드문드문 버드나무가 서 있다. 어느 것은 제법 둥그런 품을 이뤘고, 어느 것은 아직 미미한 뿌리를 내리며 가까스로 자리를 잡아가고 있다. 유유히 푸른 물살 넘실거리던 곳에 느닷없이 흙이 채워져 긴 시간 속에 발아한 생명체들, 고것들의 의연한 폼이 대견하다.

지금 저 벌판에서 바람을 맞고 선 나무들은 동시대를 공유하며 살아가는 사람들이다. 풍파를 함께 헤치고 걷는 너와 나이고, 사랑으로 껴안는 우리이다. 이젠 끝이라 여길 정도로 삶의 질서가 뒤집히고 떠밀리고 휘청거리다가 새로운 모습으로 거듭나는 고귀한 숨소리. 어느 씨앗은 애초부터 토질 좋은 곳에 떨어져 뿌리 내렸을 터이지만, 어느 곤곤한 것은 자갈 틈 모래알

갱이를 터주로 삼아 아사 직전에야 가까스로 촉을 틔웠을 것이다. 그것들이 내게 무언의 꿈으로 속삭인다.

이처럼 우리가 존재하는 땅은 들에서, 물속에서, 산에서, 그때그때 걸 맞는 생명을 키워낸다. 그러하듯 되돌릴 수 없을 것 같던 사람들의 정신적 환부에도 새 살이 돋는 날 있기 마련이리라. 지금 육지의 모습으로 꼴을 갖추어가는 들판이 시간의 순환에 의해 바다에 잠겼다가 뭍이 되었다가 산이 되었다가 하며 생명체 간에 의지해 왔듯이, 앞에서 나무로 비유된 사람들도 눈앞의 현상에 동요되어 혼미해지려 할 때 서로가 어깨를 내어주며 나약해진 자리를 위무하지 않았던가.

다시 볼을 스치는 바람이 살갑다. 꽃눈 부풀고 나뭇가지마다 윤이 난다. 그 훈기를 통해 명료한 답을 얻는다. ―곧, 창문 열어야겠다.

―《月刊文學》 2010. 7월호

홍콩야자 그늘에 누워

묵은 분재에서 소녀들의 웃음소리가 난다. 10여 년 전, 초등학교 6학년이던 첫 글제자들이 까르르까르르 웃으며 사 들고 와 내게 잘 키우라는 묵시의 숙제를 안긴 나무다. 딸이라곤 없는 내 집에서 이 방 저 방 헤집으며 한바탕 숨바꼭질을 하고는 흡족한 표정으로 돌아간 아이들. 저희 집으로 나를 불러 그룹지도를 받다 보니, 명색이 선생이란 사람의 집이 어떻게 생겼는지 구경하고 싶었던가 보다. 그 길에 몇 푼씩 추렴하여 선물로 주고 간 화초 '홍콩야자'는 그 아이들 자라듯이 쑥쑥 커갔다.

뿐만 아니라 베란다 한쪽에는 차나무 두 그루가 천장까지 닿는 키를 하고 있다. 안방 창을 열면 제일 먼저 코를 자극하는 나무다. 더운물에 우려낸 녹차와는 달리 의연한 모습으로 서서 본연의 향을 낸다. 새순이 밀려 나올 때마다 순을 집어줬으니

망정이지, 그대로 두었더라면 가지가 아마 호박순처럼 휘어져 뒤엉켰을 것이다. 이 나무가 우리 집에 처음 올 때는 이파리가 두세 장뿐이었다. 시어머님이 여행지에서 얻어다가 보물인 양 나눠준 묘목으로, 바닷바람에 감나무조차 잘 자라지 않는다는 경기지역에서 단연 희귀종이었다.

어린 차나무는 일찍이 내 아이들의 숙제용으로도 쓰였다. 녀석들이 고추 기르는 과정을 관찰해야 하는데 그만 시기를 놓쳐, 결실 맺힌 고춧대만 멀뚱멀뚱 바라보고 있었다. 그래서 궁리 끝에 어린 차나무 줄기와 이파리를 사진에 담아 학교에 제출하게 했다. 그럴듯한 외양으로 학교 선생님을 속여 넘긴 나무는, 그해 우리 집 화분에서 자라는 고추나무 노릇을 톡톡히 했다.

한데 가족의 숨결 배인 화초들을 한동안 내버려 뒀다. 잦은 병치레가 핑계이고, 어쭙잖은 원고 쓴다는 게 구실이 되어 고사枯死하지 않을 만큼의 물을 주며 몇 해를 보냈다. 장을 떠오려 해도 나뭇가지를 비켜 다니는 것이 여간 번거롭지 않았다. 한정된 공간에서 화초가 주인인지 사람이 주인인지 헷갈릴 정도였다. 그러면서도 내 몸에 부딪혀 그것들이 꺾일까 저어되었다. 어쩌다 누렁 잎 한 장만 생겨도 그 나무와 관련된 아이들에게 행여 해가 될세라 맘이 애잔해지곤 했다.

어느 때는 가위를 들고 난분마다 싹둑싹둑 잘라낸 일이 있다.

차나무의 윗가지도 뚝뚝 쳐냈다. 한데도 그것들은 생명력 질기게 자라났다. 고운 눈길을 얹지 못했는데도 저마다 본분을 다하기에 여념이 없었다. 그러는 사이 수년간 나가서 공부한 큰애가 총각 선생이 되어 본래의 제 방에 들고, 입대했던 작은아이도 돌아와 경중경중 재롱을 부린다. 앙증스런 분재를 들고 찾아왔던 여학생들 역시 어엿하니 대학 졸업반이 되어 어여쁘다.

얼마나 많은 봄, 여름, 가을, 겨울이 가고 왔던가. 생의 이쪽과 저쪽을 저울질하며 애초에 아로새긴 문학의 꿈을 좇고, 들끓는 열정의 도가니에서 스스로를 식히느라 딴청을 피우고, 퇴락하는 것들과 조우하며 내 안의 물기를 털고, 사방천지 얼어붙는 냉기를 통해 경계의 날을 세우던 숱한 시간이 한순간의 일처럼 느껴진다. 여러 곡선이 춤을 추는 시간의 너울 속에서 이제야 조금 철이 드는 것일까. 내 곁에 깃든 초목들이 새롭게 보이기 시작한다. 안주인의 정성이 부족했어도 나름대로 잘 자라준 갖가지 생명을 향해 경외감이 인다. 듬직한 동백이나 군자란 분의 귀퉁이에서 한 해에 몇 차례씩 돋아나 자잘한 꽃을 피우는 잡풀들까지 기특하기 이를 데 없다.

그러고 보니 우리 집은 사람밭이며, 화초밭이며, 풀밭이다. 수를 헤아리기 어려운 초목들 곁에 지푸라기 냄새 그윽한 자리를 깔았다. 그리고는 창을 타고 오르는 지렁이와 함께 꼼지락거리고, 푸르름에 속아 날아든 나비와 운우의 정을 나누며, 한철 목청 돋우는 매미와 합세하여 우렁우렁 노래한다.

동향집이다 보니 여름날의 오전 시간엔 햇볕이 따갑다. 바람도 곧잘 잔다. 그래도 풍류를 우위에 둔 나는 책이며 원고 뭉치를 들고 마련된 공간으로 나온다. 거실의 선풍기를 끌어당겨 베란다 창을 향하게 하고 미풍으로 틀어놓는다. 그러면 어린 제자들이 사다 준 화초 잎이 소슬바람을 일으킨다. 그 한들거리는 나뭇가지 아래 내가 누워서 책을 읽거나 편집 원고를 훑거나, 이렇게 몇 자 끄적이거나 한다. 그러면서 잘한 사람 잘했다 하고, 잘하는 일을 잘한다고 진정으로 추어주는 세상을 꿈꿔본다. 주어진 환경에서 깜냥의 몫을 해내는 작은 것들에게조차 박수를 보낼 수 있는 세상이라면 참으로 화평할 것 같다.

이는 내가 문단에 나와 맹세한 항목 중의 한 가지이기도 하다. 사람과 사람 간에 자칫 흠집 내려는 마음을 거두어 인정仁情의 콩깍지가 씐다면 얼마나 좋을까. 그렇게만 된다면 너나없이 내딛는 발짝마다 흥이 더하고 힘이 실릴 것이다.

하늘이 파랗다. 앞산 머리 구름 떼가 무연히 내려다보고 있다. 사방팔방 바람 통하지 않을 곳이 없을 것 같다. 신선의 자리가 부럽지 않다.

—《대한문학》 2011. 여름호. '내가 꿈꾸는 세상'

화태로 간 사람들

　시간은 비껴가는 것을 취미로 한다. 탯줄로 묶인 혈육 간이거나, 정신의 오라에 얽힌 연인 간이거나, 사소한 흠조차 보듬을 수 있는 이웃 간이거나, 가히 인정을 두지 않는다. 그래서 만나야 할 사람들이 서로 부둥켜안지 못하고 인생의 뒤안길에서까지 눈물 바람인 경우가 있다.
　아버지는 화태로 붙들려갔다는 큰아버지 이야기를 자주 하셨다.
　"두 분의 형님이 계셨는데 작은형님은 내 말이라면 무조건 따르고, 글 모르는 큰형님은 고집이 좀 셌어. 그날 사건이 일어나던 날도 그랬단다."
　아버지의 이야기는 쉬엄쉬엄 이어졌다. 가슴속의 멍울을 풀 듯 웅얼거리는 속말이다. 농사일에 지쳐 약주를 드시는 날이면,

늘 그 한 가지가 더 얹혀져 꺼윽꺼윽하셨다. 목 안으로 넘어가는 천근의 무게가 애달파 나는 아예 모르는 척할 때도 있었다. 그렇게 밤이 이울면, 아버지는 또 혼잣소릴 하며 술잔을 비우셨다.

"그날…, 아침부터 마을에 불길한 기운이 돌기 시작했지. 순사 놈들이 동구 밖에 나타나서 청년들을 마구 붙잡아가는 게여. 그걸 보고 나는 서둘러 형님들과 함께 뒷산으로 갔지."

그때 그것이 갈림길이었단다. 두 능선이 앞을 막고 있는데, 어느 쪽으로 피신해야 들키지 않을지를 점쳐야 했다는 것. 결국, 막내인 아버지가 지혜를 모아 방책을 내놓기에 이르렀다. 다른 능선으로는 얼씬도 말고 지정된 능선의 바위 뒤에 숨을 것을 권유한 것이다.

"그러나 큰형님은 내 말을 안 들었어. 내가 가리킨 반대편 능선에 숨었다가 꼼짝없이 잡혀가고 말았지. 어머니 앞에 작별인사하며 후회해봤자 소용없었다고."

아버지는 그 대목에서 더는 말을 잇지 못하였다. 왜 아니랴. 날로 극에 달하는 전쟁의 소용돌이 속에서 마구잡이로 인력을 착취해 간 그들의 횡포를 누가 모르랴. 전쟁터의 희생양으로 필요했고, 공장의 물자지원에 필요했으며, 해저 깊은 곳에서까지 광물 캐내는 데 필요해 그럴 듯한 술수로 명분을 내세웠던 그들이 아니던가.

 "우리 돈으로 10원을 부쳐왔더구나. 전표를 받고 막 찾으러 가려는데 하루 뒤에 바로 해방이 되었다. 그 돈을, 그 기막힌 돈을 찾지 못하고 사람도 못 오고…. 그러니까 너희들도 고집을 아무 때나 내세우면 못 쓴다."

 애증이고 당부였다. 헛짚은 큰아버지의 고집에 대해 완강히 막아보지 못한 회한이었다. 그날 그때 한 번만 동생의 말을 믿어줬더라면 하는 아쉬움이 세월의 강을 건너면서 원망이 되어 안으로, 안으로 몸부림치는 것이었다. 그것이 거나하게 오른 술기운과 어우러져 멈춰지지 않는 노래로 아버지의 폐부를 훑고 있었다.

 "다 부질없다. 부질없어. 살았으면 우리 동네서 연세 제일 높은 종윤네 할아버지와 동갑이니 지금껏 못 살았을 거다. 그 환경에 살았어도 아마 골병들었을 게여."

 체념이었다. 그리움이 넘치면 체념이 되는 것을 나는 아버지를 통해 배웠다. 하여 자연스레 큰아버지 한 분은 옛이야기 속에만 존재하는 분이 되었다. 그리고 우리 돈 10원에 한 번도 뵙지 못한 그분의 얼굴이 어리곤 하였다.

 재일조선인 1세대 박경식 씨가 필생의 연구로 내놓은 《조선인 강제연행의 기록》에 보면, 일본 북해도에 끌려가 탄광노동자로 강제노역을 당한 사람의 생생한 증언이 실려 있다.

아침에는 4시에 일어나 5시 반에 갱에 들어갔다. 오후 7~8시가 되어야 겨우 숙소에 돌아왔다. 9시 정도가 되어 잠이 드는데 방에 들어가면 자물쇠가 채워져 있었다. 모두 외출하는 것을 막아 마치 형무소와 같았다. 아니 훨씬 혹독했다. (중략) 하루에 5엔 준다고 해 놓고는 실제는 3엔도 주지 않았다. 3엔을 받아도 갱을 들고 날 때 신는 신발 빌리는 값 1엔 15전, 짚신값 30전, 이부자리 값 35전, 식비 1엔 20전, 이밖에 담배 값을 빼고 월말 정산하면 1~2엔을 받는 것이 고작이었다. 오히려 빚을 지는 일이 많았다….

그나마 살아왔기에 이런 증언이라도 남길 수 있는 일이다. 현실에 치어 명을 달리한 사람들은 진작 불귀의 객이 되어 한 많은 하늘가를 떠돌고 있지 않은가.

"어머니 보고 싶어."
"배가 고파요."
"가고 싶다. 고향에…."

조선인 탄광 징용노동자가 지하 갱 벽에 새겨놓았다는 이 문구를 어떻게 해석해야 할까. 우리들의 삼촌이며, 아버지였을 그들의 애환을 우리는 과연 어느 정도나 헤아릴 수 있을까.

'화태'는 '사할린'의 다른 이름이다. 러일전쟁으로 줄다리기가 심했던 섬으로 지금은 러시아 영역에 들어있는데, 그 지명이 어린 날부터 귀에 익어 큰아버지와 화태는 내 의식 속에서 하나로 공존한다. 그러하건만 나는 그간 그곳이 어디쯤인지 알아보려 하지 않았다. 그러다가 10여 년 전 적나라하게 묘사된 《정신대실록》을 접한 뒤로 생각이 달라졌다. 참으로 듣추기 어려운 진실을 만인 앞에 드러내며 처절한 역사의 아픔을 일깨워준 위안부 할머니들이 위대해 보이기까지 하였다. 한 분 한 분 소진해가면서까지 있는 힘껏 과거를 고발하는 일념이 한없이 애처로웠다. 일그러질 대로 일그러진 여인들의 삶에 대해 어떠한 인정의 말을 얹으랴. 그것은 곧 내 혈육이 일본 땅에 끌려가 돌아오지 못한 데서 오는 연민일 수도 있다.

그런데 요즘 갑자기 엉뚱한 생각이 든다. 강제노역 간 사람들이 대부분 돌아오지 못하였기에 지레 체념한 터이지만, 또 눈앞의 식구들 건사하기도 급급해 널리 찾아볼 여력이 없었지만, 그래도 너무 일찍 포기한 것은 아니었는지 새삼 되짚어보게 된다. 더구나 사할린에는 약 4만 명의 한국인이 살고 있다고 하는데 그들 중 한 명이라도 혹여 나와 사촌 간은 없을지 꿈같은 의문을 품어본다.

생각이 이에 미치니 그 땅의 사람들이 예사로 보이지 않는다. 파파노인들은 모두가 내 삼촌이요, 머리카락이 희끗희끗한 초로들은 사촌이며, 청장년층 역시 조카들로 와 닿는다. 시간은 이만치 비켜있는데, 나라의 불운에 밀려 화태로 간 사람들 누구라도 부둥켜안고 한바탕 울어주고 싶다. 그래서 그들의 가슴속 멍울이 풀릴 수만 있다면 이 짧은 팔을 늘려서라도 들썩이는 어깨들을 다독이고 싶다.

— 《에세이문학》 2012. 봄호

담배 향연 같은

　방 한쪽을 지키던 고구마 통가리마저 바닥을 보일 즈음이면 들판은 푸릇푸릇 보리가 자라고 있었다. 그것들의 이삭이 패고 누렇게 익어갈 때까지 사람들은 무척이나 배를 곯았다. 그 시기를 일컬어 어른들은 보릿고개라 하였다. 젊은이나 노인이나 심지어 보육원에서 자라는 아이들까지 자루를 얼러 메고 사립문께 와서 "동냥 왔어유~." 하면, 굴뚝 모퉁이에서 놀던 아이들이 합창으로 안쪽을 향해 "동냥아치 왔어유~." 했다. 그러면 아버지는 서둘러 "에끼! 손님 오셨다고 해야지!" 하고, 앞치마에 젖은 손을 문지르며 나온 어머니는 "드릴 것이 보리쌀밖에 없어서요." 하면서 철없는 자식들이 떠벌린 말을 수습하였다. 그 손님들은 우리 식구들이 쇤 쑥을 뜯어다가 호밀 개떡을 쪄먹을 무렵에 더욱 자주 찾아왔다.

나는 그 영향인지 1년에 한 차례씩 보리쌀을 듬뿍 산다. 서툴게나마 보리고추장 담그는 비법을 터득하여 해마다 정월이면 나름의 기량을 과시한다. 엿기름 걸러낸 물에 보릿가루를 삭혀 달이는데, 그 달짝지근한 보리죽의 훈김 속에 과거 어려웠던 시절이 되살아나 너울거린다. 아버지가 즐겨 태우던 누르스름한 봉초 담배까지 얼룩무늬를 그리며 밀물져 온다.

예전에 담배 피우는 것을 흉내 낸 적이 있다. 남동생들과 자라다 보니 개구쟁이 짓도 곧잘 하여, 다 쓴 공책을 떼어내 가랑잎을 넣고 둘둘 말았다. 동생들은 자기 얼굴보다도 기다란 것들을 물고 서로의 표정을 살폈다. 그중에서도 지금 고등학교에서 윤리를 가르치는 동생의 담배가 제일 커서 가히 굴뚝만이나 했다. 그리고는 누가 먼저랄 것도 없이 아버지처럼 연기를 깊게 물었다가 뿜을 참이었다. 그 무렵 내 눈엔 꾹꾹 채워 굵직해진 담배를 물고 빨간 불을 쭉쭉 빨아들이는 아버지가 큰 산 자체였다.

거무튀튀한 돌담 아래 모여 앉은 아이들은 마침내 성냥불을 댕겼다. 그러나 다음 순간 매캐한 것이 목을 채우며 숨이 잘 쉬어지지 않았다. 완전히 기대는 무너지고…. 아이들은 펄쩍펄쩍 뛰며 목을 잡고 컥컥댔다. 동생들 곁에서 누나의 체면을 잃은 나는 데인 듯 뜨거워 눈물만이 쏟아졌다. 그리고 나서 다시는 그 짓을 하지 않았다.

　하지만 세월 속에서 더러 담배를 피워 물고 싶을 때가 있다. 글을 쓰다가 가끔씩 망연해질 때가 있는데 그건 글이 잘 안 풀려서가 아니고 사람이 그리워서이다. 곤곤한 세상살이를 원망하며 쉬 꺾이는 생명들이 안타까워서이고, 애틋하여 보고 싶은 사람들이 가슴을 채우는 까닭이다.

　그럴 때면 나는 전혀 기초실력도 안 되면서 담배 연기를 멋지게 뿜어 올리고 싶어한다. 진짜 담배 맛은 아예 알지도 못하지만, 담배 태우는 이의 묵묵함 속에서 은근한 멋을 느낀다. 안에 고인 고뇌를 녹여 내는 듯한 연기에 종종 반할 때가 있다. 더욱이 가을 깊은 날이나 겨울철, 혹은 미풍이 산들거리는 봄의 문턱에서 유독 담배 타는 냄새를 맡고 싶어 한다. 특별한 대화가 없어도 상대방의 의중을 헤아리게 하는 그 깊은 소통만큼이나, 살아가는 길에서 맞닥뜨리는 크고 작은 일들이 정신적 호흡기를 통과하며 걸러지기를 소망한다. 그러려면 거름망을 유용하게 부려 써야 하는데 그것이 어느 때는 성글고 어느 때는 촘촘하다.

　내 이름이 처음 문단에 올랐을 때 과수 농사꾼 오빠가 축하의 말과 더불어 특별히 주문한 내용이 있는데, 담배 향연 같은 글을 쓸 것을 권유한 것이다. 그것이 어떤 글인가 물으니 "글에 향기가 있어 그 글을 읽은 사람의 속내가 아련하면서도 시원해지는 글"이라 했다. 그 말을 들려줄 때의 오빠는 두 눈을 꼭 감고 있었다.

그러한 연고로 나는 향연香煙에 대해 생각이 깊다. 비록 담배 맛은 모르지만, 오빠의 주문을 잊지 않으려고 은연중에 다잡게 된다. 많은 말을 하지 않고 드물게 전하는 몇 마디에 사람들의 눈물과 웃음을 담아낼 수 있다면 얼마나 좋을까 고심한다. 그런데 그 일은 촌사람 오빠의 주문대로 그리 녹록지가 않아 종종 우두망찰하는 먼산바라기가 된다. 향연이 피어오르는 산은 높고 진중하여 길이 아득하다.

어느새 보리죽이 제법 구수한 냄새를 풍긴다. 널따란 주걱으로 휘휘 저으며 멍울이 잘 풀어지길 기다린다. 웬만큼 끓어 단내가 나면 종합적인 배합을 하기 전에 식구 수대로 떠서 식힌다. 그리고는 그릇째 입에 대고 하늘까지 마실 기세로 후룩거린다. 그러는 사이 옛사람들의 홀쭉했던 배가 둥그레진다.

—《현대수필》 2012. 봄호

2. 그는 왜 새가 되고 싶었을까

공유共有
객지
작가의 여행가방
딴청 피기 고수들
푸른 까치 소리
욕지도 애벌레
승화의 극치를 만나다
그는 왜 새가 되고 싶었을까
신도안 엿 이야기
자존심

공유共有

 살아가다 보면 자신의 의지와는 다른 방향의 길을 가는 사람들을 더러 본다. 의외의 일로 인하여 의도하지 않은 삶을 살아가게 되는 경우이다. 철저하게 계획된 삶을 사는 사람들이 오히려 드문 세상이기도 하다. 그런가 하면 절체절명의 순간에라도 누군가 내민 손을 잡아 제2의 삶을 살아가는 사람들이 있다.
 문득, 아버지의 젊은 날이 배어있는 내 어린 시절이 생각난다. 특히 40여 년 전의 가을은 우리 가족의 운명을 결정짓는 계절이기도 했다. 당시 초등학교 5학년이었던 나는 2km 밖의 등하굣길에 곧잘 외톨이가 되었다. 그래서 해 짧은 날에는 땅거미 진 산고개(일명 앞고개)를 혼자서 넘어다녀야 했다. 그 고갯길엔 상엿집이 있고, 젯밥이 종종 놓이는 묘역도 있었다.
 그날은 학교가 여느 때보다 늦게 파했다. 맡겨진 대로 책상

걸상을 나르며 청소 중인데 담임선생님이 깜빡했다는 듯 다가와 "너는 어서 집에 가라." 하셨다. 일순, 선생님에 대한 야속함이 몰려왔다. 해가 벌써 서산에 걸려 있었다. 갈 길이 아득해진 나는 앞고개 언저리까지만이라도 친구들과 함께 오고 싶은 마음에 '세동리' 아이들의 청소가 끝날 때까지 느티나무 아래서 사방치기를 하며 놀았다.

길은 이미 어둑해지고, 이야기 속에 등장하는 문둥이나 귀신 형상이 떠올라 머릿속이 마구 혼란스러웠다. 다른 친구들도 함께 걱정을 해주었다. 그때 우연히 길 중간쯤에서 아는 사람을 만났다. 이웃 마을에 사는 후배 ㅈ의 아버지인데 농촌에서 보기 드문 말쑥한 차림으로, 두세 번 교문 밖에서 내게 딸을 불러달라고 한 적이 있었다. 그러한 어른이 옆에서 함께 걷는다는 사실만으로도 든든했다. 그는 가장 먼 동네인 세동리 아이들을 바래다주겠다고 했다.

그러는 사이 친구들과의 갈림길까지 왔다. 이제 헤어져야 할 차례다. 그러나 열두 살 계집아이 홀로 어둑한 산을 넘는다는 것은 아무래도 무리였나 보다. 어슴푸레한 나무들은 괴상한 형체로 서서 산짐승 소리를 내고, 나는 있는 힘을 다해 팔다리를 놀렸으나 제자리걸음이었다. 등 뒤에서는 "선화야, 잘 가~" 하는 응원의 메아리가 울려 퍼지는데 겁에 질린 나는 급기야 되돌아서서 뛰었다. 결국 상엿집이 있는 언덕을 지나지 못하고 친구들에게로 돌아가고 말았다.

그리하여 전설이 난무하는 '서낭당'을 지나 세동리 아이들을 바래다주고, 다시 우리 동네로 오는 고개 초입에 이르렀다. 그곳까지 신나게 동요를 부르며 왔다. 그와 한동네에 사는 친구 ㄴ과도 거기 갈림길에서 헤어졌다. 학교를 출발한 지 두 시간은 지난 것 같았다. 그래도 이제 앞고개만 넘으면 아늑한 마을의 불빛이 맞아줄 것이라 생각하니 마음이 편안해졌다.

그런데 기이한 일이 벌어졌다. 길을 재촉하던 그의 걸음이 갑자기 휘청거리더니 몇 발짝 거리의 뽕밭 둔덕을 지나 묘 마당으로 가서 벌렁 드러눕는 게 아닌가. 그것도 젯밥이 놓이던 묘역, 봉분과 봉분 사이에서 이내 코를 골아대는 것이었다. 나를 고갯마루까지만 데려다주고 가라고 사정해 보았지만, 그는 이미 잠 속 깊이 들어가 있는 듯 별다른 기척이 없었다.

너무도 갑작스러운 일 앞에 두려움이 몰려왔다. 무언가 크게 잘못되어간다 싶어 생각을 굴릴 때, "밤길엔 사람이 가장 무서운 법이다." 하시던 부모님 말씀이 섬광처럼 번뜩였다. 그는 우리들이 그토록 무서워하던 문둥이도 귀신도 아니었다. 하지만 내게 알 수 없는 위험이 몰려오고 있음을 깨달았다. 닥칠 위험이 어떠한 것인지도 잘 모른 채, 최악에는 죽음 같은 것도 생각되었다. 진작 혼자서라도 고개를 넘지 못한 것이 후회막급이었다.

나는 놀랄 겨를도 없이 묘책을 짜내기에 급급했다. 어떻게든 위기를 모면해야 한다는 생각뿐이었다. 그래서 앙앙 울어보았다. 눈물이 나지 않았다. 더 큰 소리로 우는 시늉을 냈다. 그러자 이젠 솥뚜껑만 한 손이 내 입과 코를 막았다. 숨이 막혔다. 그에게선 시큼한 술 냄새가 확 풍겼다. 하지만 나는 더 침착해졌다. 어린 마음에도 술 취한 사람은 자극하지 말아야 한다는 판단이 섰다. 실로 막연한 일이었으나 가슴속으로 간절히 아버지를 찾았다. 때맞추어 아버지가 나와 주시기만 하면 모든 문제는 해결될 것 같았다. 남동생들만 중히 여기는 부모님이 서운하기도 했었는데, 그마저 다 털어내고 있었다. 지금 이 순간 아버지가 나타나 주시기만 한다면 평생 감사하며 살겠다는 일념一念뿐이었다.

이를 이심전심이라 하는가. 촌각을 다투는 찰나, 고갯마루 숲 사이로 깜박이는 불빛 하나가 보이기 시작했다. 불빛은 이내 소나무 언덕을 가늘게 미끄러졌다. 확신은 없었지만 아버지라고 믿고 싶었다. 설사 아니라 하더라도 위기를 모면해야 한다는 마음에서 있는 힘을 다해 "저~기, 아버지 오세요!" 하고 끼욱대며 그를 흔들었다. 내 콧잔등까지 덮고 있던 손이 순식간에 거두어졌다. 벌떡 일어나 옷매무새도 바로 하는 것이었다. 그리고는 천연덕스럽게 다시 내 손을 잡고 불빛을 향해서 걸어갔다.

아니나 다를까. 귀에 익은 헛기침소리가 들려오고…. 등불의 주인공은 아버지였다. 딸의 화급한 상황을 예견하기라도 한 듯 아버지의 마음이 그렇게 내달려왔다. 투박한 손에 들린 호롱불은 애타던 부녀간의 마음처럼이나 바람에 날려 깜박이고 있었다.

"아이구, 저희 여식을 담임선생님께서 예까지 데리고 오셨구먼~유."

"아뇨, 저는 담임선생님이 아닙니다."

그는 돌아서서 총총 사라졌다.

그 후 천둥소리만 들려도 아버지는 우산을 들고 하굣길 중간쯤에 서 계셨다. 표현에 무딘 이 딸은 그날 어둠 속에서 허리를 반이나 굽히시던 아버지 모습조차 아련히 잊고 지내왔다. 한데 몇 굽이를 돌아 내 아이를 낳아 기르면서야 앞길을 밝혀주시던 그때 그 등불이 선연히 되살아난다. 요즘처럼 조기 성(性)교육도 없었던 시절, 노파심에 걱정하시던 부모님 심정도 헤아려진다. 무엇보다도 그가 그토록 총총히 사라져가던 연유도 이제야 알 것 같다.

때로 매스컴에 보도되는 소녀들의 불행한 이야기를 접할 때마다 아득해진 옛일에 대해 되짚어보곤 한다. 그때 그곳에 아버지가 계시지 않았더라면 내 생은 어찌 되었을까. 나를 가족으로 둔 가정의 분위기는 또 어찌 돌변했을까. 생각만으로도 아찔한 일이다.

아버지와 딸, 천륜天倫이었다. 위기에 처한 딸의 다급한 마음을 그렇게 감지하신 덕택으로 나는 오늘을 건강한 정신으로 맞이하고 있다. 이나마 빛을 아는 사람이 되어 사람들의 시린 가슴에 온기를 불어넣으려 문 두드리는 중이다. 그날 소나무 숲길로 미끄러지던 호롱불빛이 함께하는 까닭이다.

세상은 서로서로의 기운이 합해져 이런저런 일을 낳는다. 그중에서도 위기의 순간에 공유의 힘으로 거듭난 사람이 어디 나뿐일까.

— 《수필세계》 2012. 봄호. '공' 테마

객지

한 마디로 아련한 곳이다. 집 밖의 저곳, 가족이란 훈훈한 굴레로부터 멀어져 자기 앞가림을 스스로 해야 하는 찬바람 도는 곳. 그러면서도 수만 가지 이야깃거리를 낳고 잦아드는 곳. 때로는 고운 무늬로, 때로는 짙은 얼룩으로 생의 나이테가 아로새겨지는 곳. 하여 잔잔하면서도 격정적 물살로 인생의 강줄기가 요동치며 굽이도는 곳.

대학에 입학하는 큰애가 기숙사로 떠날 채비를 할 때였다. 아이는 주섬주섬 짐을 챙기는데 어미 된 자는 먼 곳에 내보낼 아이를 돌봐주지 못하고, 며칠 사이 부쩍 기운이 떨어져 자꾸만 까라져 눕곤 했다.

컴퓨터며 가방이며 꾸리는 짐이 크기도 하다. 저 보퉁이 안엔 얼마나 방대한 꿈이 들어앉아 꿈틀대고 있을까. 무엇보다도 멀쑥한 허우대와 달리 몸이 약한 아이이니 그것이 가장 우려가 된다. 그렇긴 하지만 스무 살 아이는 이제 4, 5년 후 부쩍 성장하여 돌아올 것이다.

 아이는 공부하러 떠나는 길이지만 나는 막막한 가난의 벽을 뛰어넘고자 지금의 내 아이보다 세 살이나 어린 나이에 집을 나왔다. 그 시절이야 그러한 처지의 사람이 한둘이 아니었기에 놀랄 것도 새삼스러울 것도 없는 일이다. 그렇긴 한데 옛 시절에 의식 붙들린 나는, 청운의 꿈을 안고 새로운 세계를 향해 발길 내디딜 아이를 향해 가슴 한편에서 부러움의 시선을 보내고 있었다.

 아이는 집을 나서기 하루 전날 밤, 짐을 챙기다 말고 자꾸만 주춤거렸다. 낯선 곳에 대한 두려운 빛이 역력했다. 그나마 온기 어린 가족의 품을 한가득 담아두려는 눈치였다. 그래도 나는 별달리 해줄 것이 없었다. 젊은 날의 어머니는 사립문을 나서는 내게 지폐 3천 원을 쥐여주며 아플 때 약 사 먹으라고 단단히 이르셨는데, 나는 그 말조차 선뜻 입 밖에 내지 못하였다.

 이튿날, 우리 부부는 아이를 시골 정취 물씬 묻어나는 충청도 외진 땅에 두고 왔다. 교원을 양성하는 학교라 하는데 황량한 들판이 펼쳐진 야산 옆의 교정이었다. 학교 근처 식당에서 밥 한 끼를 사 먹이며 졸업할 즈음의 어엿한 모습을 그려보는 것이 그 무렵의 위안이었다.

그러고 나서 아이의 전자편지를 받았다. 읽기도 전에 마음 한 구석이 애잔해진다.

어머님께.

엄마, 제목은 멋있죠? 어머님께…. ㅋㅋ
대학생활에서 술을 참 많이들 먹네요. 3월만 잘 지내면 그담부턴 술 안 먹는대요. 너무 걱정하지 마세요. 잘 피해 다니고 있으니. ㅋ
11시 점호하고 지금은 컴퓨터 조금 하다가 자려고요. 엄마 홈페이지도 은근히 잠깐씩 다녀 나오고 그랬어요. 평소에도. ㅋ 또 안 주무시고 컴퓨터 하고 계시겠네요. 집에 없어도 집안일이 눈에 보이는 듯해요.^^
오늘은 시간표를 짰고요. 내일부터 수업을 듣는대요. '이젠 정말 대학생이구나.' 이렇게 느낄 줄 알았는데 아직 잘 모르겠어요. 낯선 기숙사 생활에다 선후배 관계 엄격하고…. 이래서 아직은 고등학생 같아요. 뭐, 학기 본격적으로 시작하면 좀 달라지겠죠.
그럼 이만 전 잡니다. 내일 7시 반에 일어나서 밥 먹으려면. 엄마도 늦게까지 컴퓨터 하지 마시고! 이제 제가 집에 없으니깐 잔소리 할 사람도 없겠다 이러고 계속 컴퓨터 하지 마시라고요. ㅋ
안녕히 주무세요!

눈물이 찔끔 도는 것을 꾹꾹 훔친다. 나약해지지 않으려고 점잔을 뺀다. 신병이 있어 술을 입에 대면 안 되는 아이가 요령껏 피하고 있다니 다행이었다. 비루먹은 당나귀 꼴이었던 내가 "어머니, 아버지, 아무 걱정하지 마셔요. 저는 집에서보다 훨씬 맛있는 밥에 주변 사람들의 인정을 받으며 일 잘하고 있어요. 어렴풋하지만 밝은 미래가 보여요." 하고 써 보내던 예전의 편지 구절도 뭉텅뭉텅 되살아난다. 편지에 자칫 기氣가 넘친다 싶으면 냉큼 보따리 싸서 내려오라는 아버지의 엄명이 떨어지곤 했는데, 그러한 관리 덕분인지 크게 엇나가지 않는 길을 걸을 수 있었다.

RE 입학을 축하하며.

어제 너의 입학식을 보지 못한 점이 걸리더구나. 날씨마저 추운데 두툼한 옷을 두고 오지 못한 것이 걸리고, 아침 통화에 옷 든든히 껴입으란 말 못한 게 걸리고…. 용케 술을 잘 피한다니 그나마 다행이다. 엄마는 내일 합평 받을 동화를 스터디 방에 올려야 해서 아직 못 자고 있단다.

약속했지. 너는 올해 책 300권 읽고, 엄마는 동화 10권 분량 쓰기로 한 거 잊지 않았지? 앞으로는 스스로 자신의 기록을 해나가기 바란다. 더 말 안 해도 잘 알겠지?

이젠 새 소리, 개구리 소리가 너의 새로운 벗이 될 거다. 마음 답답할 때면 학교 옆 소나무 동산을 걸어 보려무나. 그 솔숲 사잇길에서 무한한 답을 만날 것으로 믿는다.

2004. 3. 3. 엄마가.

돌이켜 보면 포부가 참으로 크기도 하였다. 한창 청춘 놀이에 분주했을 대학 초년생에게 수백 권의 책을 주문한 것도 무리요, 어쭙잖은 글 실력으로 방대한 양의 동화책을 약속하다니…. 드러내어 비치진 않았지만, 그때 막 품을 벗어나는 아이의 빈자리를 그렇게라도 메우고 싶었던가 보다.

그 후 아이가 학교를 마치고 중등교사가 되어 돌아오는 5년 동안, 말을 앞세웠던 이 어미는 동화책을 한 권도 묶지 못했다. 한 차례씩 그때를 회상할 때마다 아이에게 채찍을 가하기 위한 장치가 거창했음을 확인할 따름이었다.

사람들 얼굴이 다양하듯 개인마다 객지에 대한 이미지는 만 가지 색을 띨 것이다. 그 색채가 곧 미래로 연결되는 통로구실을 하고, 흑과 백 사이에서 무한한 징검돌 역할을 한다. 애초부터 가 닿고자 하는 자리가 뚜렷한 것은 아니지만, 숱한 사람들은 그 미답의 길을 서성이며 영혼의 결을 가다듬는다. 그 대가로 나름의 역사를 이루며 살아간다. 겨레말 사용조차 자유롭지 못하던 암흑의 세월에도 고국을 떠나 해외로 전전하며 뜻을 키운 선각자들이 있었기에 오늘날의 우리가 청명한 하늘을 이고 있지 않은가.

어린 날의 내가 객지를 향하던 때를 다시 돌아본다. 무엇을 얼마나 가슴에 품었었던가. 그 설렘의 도가니에서 들끓던 열망을 과연 어느 정도나 이루어내고 용해시켰는가. 나이 쉰을 넘기고도 꿈 많던 시절의 그 세계는 높고 깊어 아득하기만 하다. 객지를 향하던 첫발길이 그저 떨림으로 남아, 아직도 미처 가 닿지 못한 너른 의지처意志處를 배회하게 한다.

— 《문학이후》 2012. 여름호

작가의 여행가방

　지극히 소소한 것들이다. 대체로 가벼운 여행 가방엔 작은 이야깃거리들이 들어 고물거린다. 새의 발자국 무늬 찍힌 조가비에서부터 크고 작은 나뭇잎 몇 개, 혹은 나름의 의미부여를 하여 움켜 넣은 조약돌 등속이다.
　그 중에서도 나를 가장 힘나게 하는 것은 명약이라 통하는 약수이다. 어느 때는 쉽게 만나기도 하고 어느 때는 어렵게 구하기도 하는 이 물은 내가 추앙하는 또 하나의 신앙인 것이다. 세밀한 과학수사로 초 강력범까지 잡아내는 시대에 물에 대한 행위가 다소 과장되게 비칠 수도 있겠으나, 그것은 자칫 나약해지기 쉬운 자신의 정신세계에 거는 최면이기도 하다.
　작고 문인들의 흔적을 돌아보는 여행을 하는 지가 어언 20년째다. 주옥같은 작품을 남기고 세상 뜬 문인들의 얼을 기리고자 전국을 돌며 생가지나 작업실이 있던 자리, 그리고 묘역이며 문학비를 둘러본다. 그러한 답사길에 이웃한 사찰이나 명산의 샘을 찾아 목을 축이게 되는데 그때 내가 꼭 챙기는 것이 작은 물병 한 개다. 물병에는 가족에게 먹이고 싶은 물을 담아온다. 언젠가 진안 마이산 깊은 샘에서 물을 구할 때는 기다리는 사람들로 인해 한 바가지 이상은 차례가 오지 않아 병의 반만 채운 일이 있다. 그래도 마음만은 더없이 흡족하였다.

  그렇게 길어온 물 한 방울이 특히 큰아이의 목젖을 타고 스며들어, 몸속의 노폐물을 말끔히 걸러줬으면 하는 것이 어미 된 자의 소박한 기도다. 설사 그렇진 못하더라도 그 물을 넘기는 아이의 심리에 위안으로 작용하여 일순간이라도 심신이 가뿟해졌으면 하는 것이 바람이다.

  이처럼 여행지에서 돌아올 때면 만 가지 생각이 교차한다. 신비로웠던 사물이라든가 인상 깊은 사람에 대한 여운이 짙기도 하고, 든든히 챙겨 넣은 물병 덕에 흥이 실리기도 한다. 그날도 이런저런 상념에 젖어 동네 앞 정류장에 내렸다. 저녁 시간이니 귀가하는 사람들로 인해 길이 제법 북적거렸다. 마을을 향해 나란히 걷는 사람도 있고, 정류장 쪽으로 걸어가는 이들도 여럿 있었다.

  한데 맞은편에서 걸어오던 한 남자가 내 곁을 스치다 말고 느닷없이 무어라 한다. 나는 소스라치게 놀라 움찔했다. 왜 그러냐고 반문하자 남자는 "저기 있지요?" 한다. 가까스로 가슴을 진정시키는데 그는 연신 예의 그 말만 되풀이하며 바짝 따라붙는다. 나는 여전히 뒷걸음질치며 갑자기 사람의 귓전에 대고 그리 말하는 법이 어디 있냐고 나무랐다. 그래도 그는 놀란 나를 걱정해주는 게 아니라 무슨 생각을 그리 골똘히 하며 걷느냐고 되레 야단이다.

그의 의례적인 말 "저기 있지요?"가 무슨 의미인지 짐작하고도 남음이 가는 일이었다. 종종 선원에서 나왔다는 사람들이 말을 걸어올 때 그렇게 접근하는 것을 본 터였다. 도를 닦았다거나 하며 조상님께 정성을 들여야 한다고 물고 늘어지는 것이 그들의 통상적인 수법인 바, 이번에도 그럴 게 뻔했다. 그렇게 하여 자신들의 본거지로 데려가려고 별의별 꾐수를 둘 것이다.

6년 전 그해 여름, 위와 비슷한 사람을 만나 이상 행각을 벌인 일이 있다. 3년간이나 아이의 병명을 잘못 알아 가슴에 바위를 얹고 살았는데 그것이 오진으로 밝혀져 일시적이나마 기분이 날아갈 것 같을 때였다. 새로 밝혀낸 것은 기존의 그것에 댈 게 아닌 한결 수월한 것이라는 진단이었다.

그날도 웬 중년 남자가 어찌나 끈질기게 구는지 나를 길목

담벼락으로 몰아붙이고 어설픈 설교를 늘어놓았다. 선원에서 나왔다는데 전혀 고차원적이지 않은 담론이었고 지루하기 짝이 없었다. 지나가는 여인이 도리질하며 그를 뿌리치도록 눈치를 주었건만, 나는 그러질 않고 남자를 따라나섰다. 심지어 그곳에 가면 우리네 삶의 궁극적인 근심거리에 대해 설파할 큰 스승격인 인물이 있나 보다 여겼다. 그러니까 그가 그토록 타인을 데려가려는 것이지 싶어 내 눈으로 가서 확인이나 해보자는 오기가 생겼다.

하나 괜한 노릇이었다. 고만고만한 사람들이 모인 건물에서 나는 그들이 내어주는 대로 의상까지 한복으로 갈아입고 제를 올렸다. 명분인즉 조상을 위하는 것이라는데 삼복더위 속에서 손바닥에 향을 피워 실금들이 갈색이 되고, 한 시간도 넘게 절을 하여 방바닥이 땀방울로 흥건해졌다. 탁자 밑에 밀어둔 핸드백 안엔 아이의 2학기 대학등록금이 들어있었는데 나는 선수쳐서 여분의 돈을 털었다. 돌이켜보면 아찔하기만 하다.

그렇다 보니 몇 년 전이라면 모를까 이젠 나이를 먹었으니 어림없는 일이라고 마음을 야무지게 먹은 나는, 집요하게 접근하는 젊은 남자를 향해 놀란 거 물어내라고 하기 전에 가만있으라고 쏘아붙였다. 자라 보고 놀란 가슴 솥뚜껑 보고 놀라는 격이라고 기껏해야 그리 퉁명스레 굴고는 왠지 자꾸만 뒤가 돌아봐졌다. 어떠한 연유로 그 길을 가는지 모르지만, 그 남자에게 까닭 모를 연민 같은 것이 몰려왔다.

자칭 도道 닦았다는 그 사람들은 내 얼굴에서 무엇을 보았을까. 무엇을 읽었을까. 의식의 세계가 그리도 허술해 보였던 것일까. 이도 저도 아니면 살아가는 과정에서 맞닥뜨리는 희로애락의 표정을 감추지 못해 일어난 일일까.

아무려나 이 모든 사건의 책임은 스스로 져야 한다. 신비를 갈망하는 내면의 꿈틀거림으로 떠나고 돌아오는 여행길이지만, 그칠 만하면 둘러메고 나서는 가방이지만, 그래서 그 가방에 담아야 하는 것도 소소한 듯 무게가 실리고 무거운 듯 가벼운 것들이지만, '우주'라는 무한한 공간에서 '나'라는 한시적 여행 가방에 담을 것은 과연 무엇인지 계속 추구하는 중이다. 아직 세상은 신비의 도가니이고, 그 길에서 나는 건재한 까닭이다. 어쩌면 곳곳을 거닐며 빈 병에 물을 담는 연속적인 행위는, 채우고 채워도 헛헛함에 갈증 겪는 영혼의 숲을 적시려는 자신의 춤사위나 다를 바 무엇이랴.

—《한국수필》 2012. 8월호

딴청 피기 고수들

 달빛 고운 밤입니다. 하현달이군요. 중천에 걸려 다감하게 말을 걸어오네요. 저는 가끔 관찰자 시점에서 세상일을 관망하는 버릇이 있답니다. 그렇게 보면 시야가 한결 넓어지지요.

 계절 변화를 응시하던 당신이 망연해하고 있었습니다. 먼 산을 바라보다가 하늘을 쳐다보다가 발끝을 내려다보다가 하며 눈이 젖고 있던 걸요. 저는 그 모습에 지레 목을 놓았습니다. 서로 간에 얼마간 잊고 있던 나이를 떠올린 것이지요. 화살 같은 날들이 참 많이 흘렀습니다. 당신의 그윽한 눈빛이, 진지한 목소리가 제 가슴에 서늘한 바람으로 들어앉은 게 언제인지 아득합니다.
 한데 당신이 새삼 흐르는 시간 앞에서 회심해하고 있지 않겠습니까. 순간 저도 나태했던 정신이 번쩍 났습니다. 그렇구나. 이렇게 우리네 인생이 거침없는 물살에 휩쓸리고 있구나. 혈육이란 이름으로 고리 지어진 형제들이, 정신적 소통에 전율하는 벗들이, 오십 대요 육십 대요 칠십 대의 강을 건너며 저리도 바삐 철벅거리는구나. 어디 이뿐인가요. 한 시대를 공유한 숱한 문인들이 사제지간이며 선후배 간의 연을 후드득후드득 잘라내고 저리도 화급히 갈림길을 가는구나 하고요.

이쯤에서 저는 또 자주 하는 습성대로 관찰자 시점에 서 있지 뭐겠습니까. 제가 살아온 시간보다도 당신에게 허용된 시간을 헤아리며 애처로웠습니다. 함께 해온 세월의 켜야 접어두고라도, 앞으로 살가운 사람들끼리 가까이서 마주 보며 정을 나눌 시간이 얼마나 주어졌을까 하는 데에 생각이 미쳐 애달팠습니다. 그러면서 당신의 여린 모습 곁에 제 모습도 얼비쳐 숨죽여 눈물지었지요.

한낮의 꿈이었습니다. 깜빡 단잠이 들었는데 당신이 등장한 게지요. 눈을 떴을 때 시야에 들어온 것은 푸르디푸른 앞산의 초목이었습니다. 햇살 받는 그것들이 눈부셨습니다. 저는 천천히 가슴을 쓸어내렸습니다. 그간 묻어두고 굳이 들춰 확인하려 들지 않은 단면이 고개 든 탓이지요. 참 예민한 부분이지 뭡니까. 삼 년 고개에서 삼천 번을 굴러 명命을 이었다는 삼천갑자 동방삭 이야기가 어릴 때는 위안이더니 이젠 쓸쓸함으로 다가오네요.

그래요. 우리들은 겁쟁이입니다. 몸서리쳐지게 빠른 세월의 급물살을 모른척하고자, 저마다 처한 곳에서 열심히 딴청 피우며 살아가고 있는 것을요. 그 내밀한 방을 엿보고도 금세 이리 아무렇지도 않은 듯 일상을 끌어안고 위장하는 것을 보면 우리는 이미 고수들입니다.

사람마다 세상에 날 때는 맡겨진 소임이 있다고 생각되어요. 주어진 시간 동안 그 일을, 그 노릇을 깜냥껏 하면 되겠지요. 하지만 건강이 위협할 땐 행여 제게 부여된 일을 다 못할까 하는 생각이 들 때가 있어요. 그래도 그런 엄살이나 기우는 되도록 접어두고 생을 악착같이 껴안고 걸어가는 것이지요. 흑백의 피아노 건반을 조율하듯이 조심조심 강약의 멜로디를 만들고, 그리 형성된 운율을 멋스럽게 타면서요.

저는 요즈음 주말을 이용한 농사일에 정신의 반을 떼어놓고 산답니다. 충청도와 경기도를 오가는 동안 봄, 여름이 가고 있네요. 그사이 마늘을 캤고, 강낭콩과 옥수수를 땄어요. 그리고 찔레 덩굴 무덕무덕 꽃피운 모습도 보았지요. 하늘의 기운과 조화를 이루는 땅은 항상 뭔가를 밀어 올리지 뭐예요. 사람들은 거기서 숱한 메시지를 받아 새기고요.

당신! 고마워요. 무의식의 공간에서 그토록 솔직한, 티끌만큼의 가식도 없는 어린아이 같은 표정으로 고요 속의 심적 색채를 들켜 주어서요. 그래서 제가 차마 꺼내지 못하던 이야기를 이렇듯 어설픈 가락으로나마 내비치게 해서요.

점점 목덜미를 스치는 바람자락이 살갑고, 가느다란 빗줄기에조차 가슴 젖습니다. 심금을 울리는 사람이야 말해 뭐하겠습니까. 한 시대를 풍미하는 무대의 주인공들로서 꿈인 듯 생시인 듯 얼굴 보면 빙긋 웃지요. 그 미소 속에, 혹은 끄덕이는 고갯짓에서 딴청에 능한 마음자락을 서로 알아보면 커다란 위안 아닐는지요. 우리가 살아가며 딴청 피울 일이 비단 생사生死문제뿐이겠습니까.

— 《다시올 문학》 2012. 가을호

푸른 까치 소리

까치 소리처럼 듣고 들어도 정겨운 소리가 있을까. 앞뜰 목련 나무 가지 끝에서 짖어내는 까악 깍 소리가 가슴과 가슴에 얹혀있던 무게들을 잘게 저미어 덜어낸다. 일순, 오지 못할 사람조차 기다려진다.

친정아버지의 긴긴 병환 탓이었을까. 그해 가을 나는 불안의 도가니에 빠져 지냈다. 불붙는 듯 다가서는 가을 산을 애써 외면하며 돌고 도는 생로병사의 이치와 어렵사리 타협해 가고 있었다. 우주의 모든 생물체에 있어 거역할 수 없는 길이 그 길이라는 것을 잘 알지만, 머잖아 닥칠지도 모를 큰 이별에 대하여 달팽이처럼 움츠러들고 있었다. 감당키 어려운 기우 속에서 의연해지려 했지만 농익어 출렁이는 가을날의 서정이 더욱 슬픔으로 다가와 나를 흔들어댔다.

그날따라 새벽을 깨우는 전화벨 소리는 누적됐던 불안의 요령 소리로 목을 조여왔다. 걷잡을 수 없이 밀려드는 방정맞은 생각을 떨치며 수화기를 들었는데, 그건 감히 상상조차 할 수 없었던 둘째 남동생의 부음이었다. 간밤의 교통사고로 영안실에 있단다. 불안이 불행을 몰고 오기라도 한 듯, 갑작스런 비보에 전신이 떨렸다. 한치 앞을 모르는 게 사람 일이라 했던가. 동생은 친구의 차를 탔다가 길이 갈렸다.

그 무렵 동맥경화로 고생하시는 아버지는 병세가 더욱 악화되어 갔고, 곁에서 간병을 해 오신 어머니는 옆구리에 대접만 한 근육이 뭉쳐 치료 중이었다. 한쪽 다리를 제거한 지 얼마 안 되어 남은 다리에 병이 도진 아버지를, 동생은 '대전천' 변의 한 요양기관에 업어다 놓았다. 혈血을 풀어 기氣를 튼다는 그곳에는 장사급의 동생 친구가 비호飛虎로 통하는 스승을 모시고 있었다. 그리고 한 달 뒤, 동생은 불귀의 객이 되었다.

청천벽력 같은 소식에 한바탕 태풍이 일고 간 병실, 내가 부모님 곁에 남기로 했다. 남은 자식들 생각해 자중자애하시라는 완력에 눌려 부모님의 음성은 담담했다. 아버지의 독백이다.

"어려운 살림에 너희들 열하나를 낳아 기르는 동안 참으로 재미있었다. 한 번도 힘들다거나 지겹다는 생각을 해보지 않았다. 나무장사를 하면서도 너희가 있어 행복했다. 그런데 갸가 우리를 이렇게 서운하게 하는구나."

 자식 앞세운 죄인이라며 당신들 가슴 치는 일만 없어도 나로서는 다행이라 여겼다. 왜 아니랴. 살림살이 미뤄두고 머무는 딸자식 얼굴 보아 꾹꾹 삼키시는 줄 다 안다. 서른두 해 동안 쌓아온 탑 하나를 허무 속에 허물어내며, 눈가 내리덮는 희뿌연 안개를 걷어내고 계시는 두 분이었다. 다리 묶인 아버지야 꼼짝할 수 없는 처지이고, 깃털 뽑힌 할미새가 되어 대전 시내 대학가를 배회하는 것이 어머니가 할 수 있는 기막힌 조문이었다. 입학 때 자취방 얻어 내보내면 졸업식 구경이나 다녀오셨다는 어머니는, 동생이 딛고 다녔음직한 골목골목을 걸어보고 육중한 몸을 실었음직한 버스에 올라보는 것으로 자식의 흔적을 더듬고 계셨다. 그러다가 억제할 수 없는 불덩이가 울컥하면 탄식의 소리가 토해졌다.

 "보리밥이나 먹이지 말 걸. 일이나 심하게 시키지 말 걸…."

 "…."

 "당신! 황소 같은 아들 잡아먹은 영감쟁이소리 맡아놨으니 알아서 해유. 개 등에 업혀 나왔지만 걸어서 들어가야 할 거 아녀. 그래야 죽은 자식 덜 억울하지!"

 깊은 밤, 묵직한 발걸음 소리가 들리면 우리 셋은 습관처럼 청각을 곤추세웠다. 유별나게 뚜벅뚜벅 걷던 그 걸음 소리가 미치도록 그리웠다. 심지어 잉잉대며 골목을 휘돌아나가는 바람결에 빈 가슴 쓸어내리기를 몇 번이었던가. 까치 소리가 들릴 때마다 귀를 막는 두 분 곁에서 나는 마치 희극배우처럼이나 수선을 피워댔다. 하나 그리움의 봇물이란 때를 보아 터지는 것은 아니었나 보다.

"그 애가, 내 발가락 썩어드는 것을 호호 불며 긁어주던 그 애가, 날 살려보겠다고 여기에 업어다 놓고 저는 그리 된 겨."

나뭇단 끊어내는 소리가 한밤중에 툭툭 나서 깨어보면, 아버지는 오그라드는 오른 다리 오금을 펴려 안간힘을 다하고 계셨다. 가지 끝에 매달려 대롱대롱 말라가는 오리나무 열매처럼, 늦가을 기운 쇠잔한 아버지의 발가락도 수액이 끊겨 하나둘씩 까맣게 타들고 있는데….

굳은 의지만큼이나 아버지는 점차 입이 붙어갔다. 수술로 인해 반만 남은 왼쪽 다리에 의족을 맸다 풀었다 하며, 있는 힘을 다해 반대편 다리를 손수 주무르신다. 오르락내리락하던 혈압이 안정되고 이제 막 미지근해진 다리가 희망이다.

드디어 까치 소리 경쾌한 이른 아침, 아버지는 일어서려다 주저앉기를 반복한다. 겨우겨우 혈이 도는 오른 다리에 무게를 몰아가며 몸을 지탱하신다. 그러기를 몇 번—얼굴 가득 푸른 힘줄이 불거진다. 그러는가 싶더니 가까스로 한 걸음 떼어 놓으신다. 힘줄을 주무르고 뻗어보는 반복 속에서 일어서려다 엉덩방아 찧는 첫돌배기 아기처럼 이제 다시 걸음마를 시작하신다. 방바닥 걸레질을 하던 나는 나도 모르게 그만 억제해 온 이름을 토해버렸다.

"아부지! 장하세요. ○○이가 봤으면 참 좋아할 걸."
"그~럼. 좋아하지."

한 발짝 한 발짝 내딛는 발등 위로 갑자기 뜨거운 액체가 떨어진다. 우박소리가 난다. 참고 참았던 자식 향한 그리움이 까치 소리에 녹아 분출되고 있었다. 아버지 귓가에 들려오는 저 소리는 아직 우리들의 둥지에 고여 머무는 동생의 너털웃음 소리다. 우람한 어깨를 들썩이며 웃어젖히던 호탕한 소리가 저리도 청아한 리듬을 타고, 상처로 얼룩진 혈육의 폐부를 어루만진다.

새로운 힘이 솟는다. 굽이굽이 험준한 인생의 비탈길을 돌아, 아슬아슬하게 일흔의 고개를 넘던 아버지. 그 곁에서 나는 숨죽여 마음의 연을 띄웠다. 연 꼬리에 하늘까지 닿을 노래를 매단다. 사리어 두었던 연줄을 서리서리 풀어내어, 이별의 도화선이었던 불안의 잔재를 훨훨 날려 보낸다. 절망을 딛고 일어서는 아버지 가슴에 푸른 물기 어린 까치 소리, 애잔하게 메아리친다.

―계간 《동리목월》 2012. 가을호

욕지도 애벌레

　물을 팔팔 끓이며 칼집을 냈다. 냉장고에 고이 아껴두었던 것을 망설일 것 없이 쓱쓱 통통한 배를 갈랐다. 그런데 웬 꼬무락거리는 것이 얼핏 칼날을 피한다. 아차! 큰일 날 뻔했구나.
　하던 일을 멈추고 도마 위의 가지런한 것들을 하나하나 살펴본다. 언제 그랬냐는 듯 솜털 가실한 땅두릅뿐이다. 분명 생명이 보였는데, 청정해역 그 먼 곳에서 섬 이슬 먹고 비릿한 바람 쐬며 태어난 아기가 눈앞에 있었는데….
　서둘러 신문을 깔고 하나하나 흔들었다. 섬과 섬의 사연을 털고, 섬 사람들의 우직함을 털었다. 공들여 양식업을 하다가 숱하게 태풍피해를 입은 이야기, 비탈진 황토밭에 고구마 농사를 지어 자식들을 가르쳤다는 이야기, 그리고 관광객 유치를 꾀해 해안도로를 냈다는 섬 사람들의 애환이 두릅 향을 머금고 풀썩거린다.

욕지도서관에 기증할 책을 담아간 가방에 욕지도 애벌레 한 마리 넣어왔다. 나랑 같이 배를 타고, 바다도 건너고, 줄을 섰을 갸륵한 생물. 고것이 지금 내 가슴을 마구 요동치게 한다.

욕지섬에 도착했을 때는 비가 추적거렸다. 그곳이 고향인 한 노老시인은 부둣가에서부터 동요 <섬집 아기>를 불렀다. 이 노래의 작사가 한인현 선생은 함경남도 동해 바닷가에서 자랐다고 하는데, 그의 정서가 이전 섬 아기였던 고령의 시인 가슴을 울리며 퍼져나가고 있었다.

엄마가 섬 그늘에 굴 따러 가면
아기가 혼자 남아 집을 보다가
바다가 불러 주는 자장노래에
팔 베고 스르르르 잠이 듭니다.

비를 긋느라 도서관 계단에 서서 웅성거리는 동안에도 <섬집 아기>는 구성지게 이어졌다. 그리움을 토하는 것인지, 회한에 젖어 속울음을 삼키는 것인지 듣는 가슴이 뻐근했다.

아기는 잠을 곤히 자고 있지만
갈매기 울음소리 맘이 설레어

다 못 찬 굴 바구니 머리에 이고
엄마는 모랫길을 달려옵니다.

뜻이 있어 젊은 날을 육지에서 떠돌다 앞니 듬성듬성한 채로 돌아본 고향, 그 곁엔 모랫길을 달려올 엄마가 안 계시지 않은가. 물살에 해작이는 고기잡이배와 여객선의 드나들이가 섬사람들의 외로움을 달래주고 있는데, 좀체 그칠 줄 모르는 시인의 노래는 굳게 감긴 시간의 태엽을 풀어 아름다운 섬을 에워싸고 있었다.

하룻밤을 묵고 돌아오는 날, 부둣가에서 몇몇 일행들이 허술한 가게 안을 유리문으로 들여다본다. 그러더니 사탕 등속을 갖고 싶어 하는 어린아이처럼이나 눈들을 반짝였다.

"꼭 사야 하는데, 꼭 사 오랬는데…."
"햐, 기가 막히게 싱싱하다. 맛있겠다."

벚꽃 연분홍으로 흐드러진 봄날, 청청지역의 신선한 먹을거리 앞에서 성별이 무참히 무너져 내렸다. 물질을 탐하는 데는 남자 여자가 따로 없었다. 나는 어른들의 그런 가식 없는 광경에 피식 웃음이 샜다. 그러자 누군가가 내 귀에 대고 특산품이니 한 꾸러미 사 가라 하였다.

다가가 보니, 연붉은 밑동을 보이며 상자에 들어앉은 두릅이

얌전한 자태로 유혹하고 있었다. 과연, 응축에 있어 둘째라면 서러워 할 저이들을 흥분되게 할 만했다. 통영으로 일행을 태워갈 배는 장엄하게 고동 소리를 내는데, 명색이 작가라는 사람들은 여객터미널에서 발을 구르며 안절부절못하였다. 그도 그럴 것이 조금 전까지 자리를 지키던 할머니가 배에 나물 받으러 갔다고 한다. 그 말을 못 알아들어 잠시 의아해 했는데, 이내 물건 받으러 간 것임을 알아차렸다. '뚜~~~ 똬~~~' 뱃고동 소리는 또 이어진다.

이젠 더는 망설일 새가 없었다. 몸 굼뜬 사람이 두뇌 회전이라도 된다고, 나는 매표소로 달려가서 터미널 여직원에게 물건 값을 받아둘 것을 청하였다. 그러는 사이 용감한 이들이 이미 가게를 점령했다. 그리고는 알아서 물건을 분배했다. 덕분에 나도 하나 얻었다. 그날 할머니의 두릅 매상은 그렇게 일단락 지어졌다. 순식간에 지폐 한 움큼을 받아 쥐고 어리벙벙해 하는 직원에게 우리들은 흡족한 미소를 남기고 돌아섰다.

드디어 신문지에 꼬무락거리는 것이 떨어졌다. 아하! 내가 탐하지 않았으면 이 도시에 오지 않았을 생명 하나. 내 집에 네가 있었구나. 여린 몸속에 자라고 있을 꿈의 포자들, 키워라. 부화해라. 내가 놓아주마. 기특하구나. 차디찬 냉장고에서 섬 기운을 안고 열사흘을 살아냈구나.

　여전히 꼬무락거리는 애벌레가 앉은 자리, 그 신문쪼가리를 빙그르르 찢어냈다. 그리고는 창문을 열었다. 아래를 내려다본다. 11층에서 떨어뜨려 1층 화단에 닿을지 가늠을 한다. 팔을 길게 뻗는다. 잘 가거라. 일순, 나를 흥분케 한 나비 한 마리 날아간다. 팔랑팔랑 배추흰나비가 아침 햇살을 받아 춤을 춘다. 우리 아파트 옆 라인을 지나다 말고 바람결을 만나 치솟는다. 이크! 내려가 가만히 놓아줄 걸 성급했다는 자책이 들었다.

　나는 베란다 난간에 더욱 매달렸다. 장 항아리들이 덜그럭 소리 낸다. 그러는 사이 서서히 내려오며 맴을 돌던 나비는 기억자로 수선스런 건너편 화단을 기웃거린다. 그러면서 천천히 속도를 줄인다. 저 정도면 안심이다. 그대로 내려앉거라. 더 벗어나면 콘크리트다.

　휴! 되었구나. 미래의 배추흰나비 한 마리, 아파트 화단 벚나무 아래에 사뿐히 앉았다. 이것으로 욕지도 섬아기의 기막힌 배밀이가 시작되었다.

—2012. 대표에세이 동인지

승화의 극치를 만나다

 성인의 머리통보다 큼직한 범벅 딱지가 거칠거칠하게 붙어있는 나무— 그 앞을 수많은 인파들이 씽긋씽긋하며 지나간다. 카메라 셔터도 번쩍번쩍 터진다. '남근목'이란 푯말에 나도 헛웃음이 새 나와 쿡쿡거렸다. 주위의 시선을 아랑곳하지 않고 몇 컷 찍기도 했다. 카메라를 요리조리 돌려가며 얄궂은 이름이 붙었을 법한 근거를 확실하게 담았다.
 맞다. 각도에 따라 약간의 차이는 있으나 내 눈에도 영락없는 씨앗 주머니다. 누가 제일 먼저 발견하고 이런 이름을 붙였을까. 승화의 극치다. 원활한 수맥 활동으로 미끈하게 꼴을 갖춰 위로 쭉쭉 자랐어야 할 몸통 한 켠이 견고하게 옹이져 있다. 그러한 일상적 현상에 가당찮은 엉뚱함이라니. 옹이는 나무가 한때 앓은 흔적이라 하는데, 아마도 저 커다란 혹이 아니었더라면 이미 오래전에 생이 끝났을 거란다.

그러고 보니 해풍을 막고 선 나무가 의연하기 이를 데 없어 보인다. 혹을 부풀리며 서로 보듬고 가야 하는 숙명임을 확인하였겠지. 그러는 사이 다소 흉측하면서도 지극히 해학적인 모습으로 해안가 언덕바지를 지키는 거목이 되었으리라.

얼마나 아팠을까. 숨인들 제대로 쉬어졌을까. 수맥이 차단되고 표피도 제 기능을 못 해 투박하게 굳어가는 동안, 안팎으로 무한히 안간힘 쓰며 세월의 그물을 짜댔을 것이다. 흙을 움켜쥔 뿌리는 생존본능을 다해 수맥의 길을 틀어 펌프질했을 것이고, 윗가지들은 너울너울 햇살을 부채질하며 환부를 하염없이 다독였겠지.

오동도로 가는 길은 신선했다. 그곳에 가서 무엇을 접할지 사전지식이 별로 없는 상태에서 묵묵히 방파제를 건너 걸음을 옮겼다. 그런데 그 길에서 만난 해묵은 나무둥치가 무수한 말을 걸어오고 있었다. '나, 아팠어요. 많이 아팠어요.' 하고 옹알옹알 이르는 것 같았다. 한데 저 나무는 생의 어느 지점에서 몹쓸 병을 얻어 저리 된 것일까.

내겐 '장군' 소릴 듣던 아들이 있다. 여느 아기들보다 곱절은 크고 튼튼하여, 이웃 아주머니나 할머니들이 번갈아 안고 어르며 장군감이라 하였다. 시장엘 가도 은행엘 가도 아이는 내 품에 머무를 새가 별로 없었다. 말문이 터지면서부터는 제법 영특한 짓을 하여 '신동'이란 수식어가 하나 더 붙었다. 그 바람에 우리 부부는 문간채 셋방살이를 해도 부러울 것이 하나 없었다.

그러나 두 돌이 갓 지난 아이가 '가와사키'라는 열병에 발목을 잡혔다. 종합병원 의사들은 후유증으로 심장질환이나 소아마비가 올 수 있다며 바짝 신경을 썼다. 더구나 당시의 내 아이 증세는 천 명에 한 명꼴로 매우 위험한 상태라 했다. 급성으로 신장에서 쓸개까지 내부 장기가 거의 제 기능을 못 하고 있다며, 남편을 따로 불러 만약의 사태에 대비하라고까지 하였다. 그러나 너무도 젊었던 스물여덟의 나는, 축 늘어진 아이를 열흘간이나 안고 종합병원 복도를 우왕좌왕하면서 의료진에게 매달렸다.

그 결과 입원한 지 열흘 만에 큰 고비 넘겼다는 말을 들었다. 하지만 국물 한 숟갈만 먹어도 복부가 팽창하여 여러 차례 위기를 겪었다. 그러구러 3주 만에야 퇴원을 했는데…. 우려하던 심장이나 팔다리가 성하여 얼마나 위안이었는지 모른다.

그 후, 안타깝게도 신장회복은 어려웠던 모양이다. 그때 만들어진 생의 옹이를 조심조심 쓸어안으며 살얼음판 디디듯 걸어야 하니 말이다. 한창 꽃다운 스물여덟의 아이는 지금 어떠한 펌프질로 새로운 길을 트고 있을까. 이 고비를 넘기고 나면, 늘름한 외모 못지않게 가무려둔 흉부를 당당히 내보이며 만면에 헤벌쭉한 미소를 지을 수 있으려나.

다시 여수 오동도의 그 나무를 떠올린다. 한 때의 상처 부위를 과감하게 드러낸 채 만인에게 미소를 선물하니 여간 대견한 게 아니다. 하물며 아기 낳고 싶은 사람들이 소원 비는 나무라 하니 이제는 '서낭'이라 불러도 좋으리. 그럼에도 불구하고 그 사진을 보고 있자면 시나브로 연민에 차서 애잔해진다. 어쩌면 나보다도 수령 높을지 모르는 나무이지만, 자꾸만 안아줘야 할 것 같은 심정이 된다.

— 《계간수필》 2012. 겨울호

그는 왜 새가 되고 싶었을까

　얼룩무늬 교련복 바지에 체육복인 듯 수수한 티셔츠를 입은 까까머리 소년이 있다. 바닷가 둑방에 서서 눈을 지그시 감고 두 팔을 길게 뻗어 비상하는 폼이다. 그 옆에 비뚜름한 자전거가 먼 길의 노곤함을 드러내고 있을 뿐, 소년의 얼굴에선 지친 기색이라곤 없다. 오히려 환희에 찬 표정에서 거리낌 없는 자유가 느껴진다.

　그 사람 이 씨의 고등학교 때 모습이다. 무심코 형님댁 앨범에서 찾아낸 사진인데, 어린아이 손바닥만 한 물증에서 한 남자의 학창시절 추억이 일렁인다. 졸업한 지 30년도 넘어 까마득한 날의 이야기가 그를 순수하던 시간 속으로 돌려놓고 있었다.

　지역 인문계고등학교에 다니던 이 씨는 친구와 둘이서 아산만 구경을 나섰단다. 화성시의 한 농가에서 수원까지는 버스를 타고, 수원역 근처에서 자전거를 세내어 아산까지 닿는 국도를 냅다 달렸단다. 봉담을 빠져나가 안중과 평택을 지나는 동안 그 쾌감이야 말해 뭐하겠는가. 모처럼 가족의 굴레에서 벗어나 자잘한 농사일을 거들지 않아도 되니 아마도 하루해가 짧았을 것이다. 더구나 세상에 나서 처음 밟아본 충청도 땅이 아니던가. 느릿느릿한 말씨가 생소했을 것이고, 두 개의 페달에 의존해 이 멀리까지 온 것에 스스로가 대견했을 것이다.
"아빠가 참 홀가분했을 때네."
"이렇게 해맑았던 날이 아버지에게도 있었어."
아이들의 말에 이 씨는 빙긋빙긋하며 회억에 젖어들었다. 그의 처가 얼마만큼 재미있었나 물으니, 그는 만면에 번진 미소를 거두며 가랑이가 아파서 죽을 뻔했단다. 그 반전에 가족들은 배꼽을 잡고 뒹굴었다.
그런데 그가 쉰 고개로 올라서며 부쩍 새가 되고 싶다고 했다. 이상형의 새를 구체적으로 그려내는데, 웅장한 날갯짓으로 공중을 선회하는 독수리가 되고자 했다. 날개 한 짝만 보아도 힘차고 멋있다며 독수리의 기상을 부러워했다. 기실 그는 자잘한 일에 맞닥뜨려도 간이 오그라드는 토끼 심장의 소유자이다. 그러니 거친 세파를 거뜬히 견뎌내는 커다란 새가 유달리 와 닿을 수밖에.

그러던 그가 드디어 날았다. 겨울비 추적거리다가 갠 날에 안성 땅 부모님 산소 인근 감나무 윗가지에서 몸을 솟구쳤다. 하나 제대로 날아보지도 못하고 꺾인 가지와 함께 어설픈 착지! 요추가 부러지는 등 만신창이가 된 그는 까라지는 몸을 이끌고 산길을 빠져나왔다. 그리고는 손수 운전까지 하고 100리 넘는 길을 달려와 현관문을 열며 쓰러졌다. 그의 뇌리에 119구급센터니 대리운전이니 하는 단어는 작용하지 않았다. 평소 일밖에 몰라 번듯한 옷가지를 탐내지 않고, 그럴듯한 여행 한 번 갈망하지 않은 터이지만 집으로 오는 길엔 필사적 기운을 모았다.

그 남자는 왜 그리로 갔을까. 선산을 두고, 밀을 가꾸던 너른 밭을 지나 하필 외진 길로 방향을 잡았던 것일까. 그곳은 새 소리, 바람 소리만이 기척을 내는 곳이다. 식구들은 그가 디딘 나무가 3m 높이의 감나무라는 사실밖엔 모른다. 열매가 몇 개 달렸었는지, 그것에 손끝이나 닿아보았는지를 알지 못하며 차마 묻지도 않는다.

그 시각, 그는 왜 그 나무에 올랐을까. 보나 마나 들으나 마나 까치감이 있었지 싶다. 그것이 아니라면 까치집이라도 있어 들여다보고픈 충동이 일었거나. 하지만 유인誘因의 진범이 까치라 해도 산란의 시기도 아닌 철에 과연 무엇이 그를 홀렸을까. 그렇다고 그가 사진 속 소년처럼 18세의 날렵한 몸도 아니니

설마 청설모나 다람쥐를 쫓아 용을 썼을 리도 없고…. 가장 그럴 법한 추측대로 감을 따러 올라갔다면, 엄동설한에 새들의 먹잇감을 노린 인정머리 없는 사람이란 비판을 면키 어렵게 되었다.

하지만 그의 처는 남편이 설사 감에 현혹되어 낭패를 보았다 하더라도 충분히 그를 이해한다는 입장이다. 비 갠 겨울 하늘을 제대로 살펴보았다면 알 수 있을 거라나. 구름 한 점 없는 창공을 배경으로 가지 끝에서 대롱거리는 붉은 것의 유혹을 초인超人이 아닌 한 어찌 저버렸을까 되레 역성이다. 찬 기운에 더욱 투명한 얇은 막 속의 섬유질. 나이답지 않게 감수성 예민한 사람이 그 보드라운 주홍 빛깔 주머니를 외면했겠는가 말이다. 하여 그녀는 그 남자 이 씨 곁에 바짝 붙어 앉아 호호 불어가며 밥을 떠먹이는 중이다. 잘 나아서 오는 가을엔 더 높이 올라 더 많은 감을 따자며, 남자의 얼굴을 쓱쓱 어루만지고는 수술실로 쏙 밀어 넣은 아낙이다.

아닌 게 아니라 그들 집엔 감이 널려 있다. 처가는 물론이고 시골농가 안뜰에 감이 보이면 숫기 없는 남자가 용기백배하여 "감 팔아요~."를 외친 덕이다.

정황이 이러하니 그의 심중에 대해 굳이 물을 것이 못 된다. 그저 단순하게 방조제에 서서 자유를 표출하던 소년 시절의 감흥에 젖어보았다고 해두자. 이래저래 곤곤한 가장으로서의 현실을 뛰어넘어 잠재의식 속의 흔흔한 마음으로 날아보았다고 풍이라도 쳐야 덜 가엾지 않은가.

   그 남자 이 씨, 지금 내 곁에서 숙면熟眠에 들지 못하고 팔다리를 자꾸만 움찔거린다. 아직도 한껏 도움닫기를 하는 모양이다.

—《에세이21》 2013. 봄호

신도안 엿 이야기

 사람들은 수시로 엿을 산다. 음식을 할 때는 물론이고 입시를 앞두거나 어떤 갈망하는 일이 있을 때 척하니 이루어지길 바라는 심정에서 그 끈끈한 것을 준비해 소망을 얹는다.
 고향엔 지역 이름을 딴 '신도안 엿'이 오래전부터 명성을 얻고 있었다. 5일장을 오가는 상인들이 더 먼저 알아볼 정도로 맛이 유명했다. 살림살이가 넉넉지 않은 집안의 아버지들은 땔감을 해서 엿공장에 져다 주고 몇 푼의 돈을 장만해 자식들의 학용품을 댔다. 내 아버지도 농한기가 되면 허구헛날 지게를 지고 뒷산을 누볐다. 흑룡이 승천했다는 신도안면 '응골'을 지나고, 동학사 앞산이 늠름하게 들어오는 공주 '동월'을 거슬러, 시인묵객들이 유유자적하기 그만인 유성의 '수통골'까지…. 새벽에 나선 아버지는 밤이 이슥해서야 돌아올 때가 많았다. 어쩌다 해지기 전에 내려오는 봄날엔 나무 다발에 꽂힌 진달래가 하늘거리며 동행했다. 그럴 때의 아버지 걸음걸이는 경중경중 춤을 추는 듯하였다. 잇따라 내 마음은 평화롭기 그지없었다.

그 무렵 마을의 언니오빠들은 툭하면 오밤중에 갱엿 내기를 했다. 지는 편에게는 깜깜한 5리 길을 다녀와야 하는 벌칙이 내려졌는데 누구도 크게 불평하는 일이 없었다. 그때는 군소리 없이 밤길 나서는 그들이 참 안 되어 보였는데 요즘 와 돌이켜보면 젊은 남녀들의 은근한 로맨스도 그 길에 싹텄을 법하다. 콩이며 쌀이며 살금살금 움켜내어 엿을 사 먹었을 청춘들이 계룡산자락을 끼고 어디 한둘이겠는가. 그 엿덩이에 어금니 빠진 사람들도 수를 헤아릴 수 없을 것이고….

내게도 엿과 관계해서 잊을 수 없는 사건이 있다. 초등학교 졸업식을 며칠 앞둔 날, 6학년 아이들은 '사은회'라 하여 각자 다과 한 가지씩을 준비하기로 했다. 궁리 끝에 우리 집에서는 갱엿 한 근을 사다가 누글누글하게 녹여 콩고물을 발라 옴츠렸다 늘이기를 반복했다. 그러는 사이 고소한 맛의 꽈배기엿이 만들어졌는데, 그것을 엄마는 연녹색의 사기 접시에 정성껏 돌려 쌓아 장독대에서 하룻밤을 재웠다. 그래 봬도 여식의 담임선생님께 바치는 음식이니 귀히 여기는 용기에 격조 있게 담아 보자기로 둘러싼 것이다.

다음 날 친구들은 각자 준비해 온 보물들을 펼쳐놓았다. 어떤 아이는 달걀을 삶아오고 어떤 애는 제법 세련되게 비스킷 등속을 풀어 얌전히 진열했다. 나도 내심 의기양양하게 보자기 속의 비밀을 내놓을 참이었다. 하여 교실에 모이신 선생님들 입안 가득히 단물 고이게 할 심산이었다.

그러나 이게 웬일인가. 그 귀한 것이 그만 한 덩이가 되어 있었다. 아무리 떼려 해도 떨어지지 않고 접시 밑바닥에 찰싹 붙어 진갈색 탑을 이루고 밀이다. 나는 울상이 되어 어쩔 줄 모르는데, 선생님들은 빙긋빙긋 새는 미소를 참으며 그것을 넌지시 남학생들에게 넘겼다. 짓궂은 남자애들은 기회는 이때다 하며 환호했다. 엿이 담긴 접시를 연신 던지고 받으며 점퍼 안자락에 감추기까지 했다. 그때의 민망함이라니…. 얼굴이 화끈해진 나는 좀 더 완벽하지 못한 엄마의 솜씨를 원망하며 씩씩 부아를 삭였다. 콩고물을 더 넉넉히 섞었더라면 본래의 맛은 덜하더라도 낭패는 면했을 것이라는 아쉬움이 컸다. 엄마는 속도 모르고 접시 타령을 했지만, 내 머릿속엔 킬킬거리던 머슴애들 얼굴만이 맴돌았다. 다음 날도 그 다음 날도 남자애들은 씽긋씽긋하며 엿 잘 먹었다는 인사치레뿐 접시 이야기는 없었다. 나 역시 그 악동들에게 울엄마가 아끼는 접시 돌려달라는 말을 끝내 하지 못했다.

지금은 우리들의 애환 서린 엿공장이 말끔한 식품공장 간판을 걸고 외양 번듯하다. 옛 지명 신도안도 '계룡시'라는 도시로 거듭난 지 오래다. 그 지역 사람들이 나라 사정에 의해 탯자리를 옮겨 앉았듯이, 장터거리의 작은 식료품 공장도 세월 속에서 새로운 터를 잡아 계룡역 인근에 자리하고 있다. 그곳에 신도안 엿의 원조 격인 노인이 생존한다 하여 큰맘 먹고 찾아 나섰다.

시루봉 아래 살던 뉘 집 딸이라고 밝히자 옹翁이 반색을 하여 나는 일순 울컥했다.

"저희 아버지요, 할아버지 엿공장에 나무해다 팔아 저희들 키우느라고 집에서는 가시나무만 땠어요."

옹은 지그시 눈을 감았다. 그러다가 묵직하게 입을 열었다.

"그랬지. 그래도 나무장사라도 할 수 있는 아버지를 둔 것은 행복한 거여. 그 시대 등짐이라도 져 나를 수 있는 아버지는 부지런하고 건강하다는 증거거든. 암. 그런 집은 행복한 집이었고말고. 상이용사 집안에, 폐병 앓는 사람에, 어려운 이들이 좀 많았는가. 나도 그때 아버지 노릇 하느라고 시작한 엿 고는 일을 이젠 자식에게 물려주고 뒤에서 거들기나 하지. 그래도 그거, 방부제 안 쓰는 고집은 여전해."

이번엔 내가 눈을 감았다. 이렇듯 귀한 육성을 어디서 들을 것인가. 자라는 동안 진정으로 나무꾼 아버지를, 농사꾼 아버지를 자랑스럽게 여긴 적 과연 몇 번이던가. 허기진 배로 나뭇단을 채우느라 험준한 산을 오르내리는 그 다리에 대해서는 깊이 생각해보기나 하였던가. 그 옛날 아궁이가 미어지도록 가시나무를 우그려 넣으면서도 자식들에게 거는 기대로 충만하던 어버이들의 가슴속 훈기가 엿공장 증기를 통해 하늘가에 희붐한 무늬를 그린다. 어떤 신묘한 처방을 하지 않았는데도 그 차진 이야기들이 좀체 소멸될 기미가 없다.

— 《에세이문학》 2013. 봄호

자존심

　세상 살아가는 힘은 자존에 의해 좌우된다. 자기를 존중하여 놓을 자리에 놓는 일. 그 저울질을 마음이란 것이 하는데, 이는 하 예민하여 툭하면 상처를 받고 서러워하거나 분노한다. 대상에 의해 욕구가 충족되어 우쭐하기도 하고, 심리적 궁핍으로 정신세계의 빈곤에 처하기도 한다.
　한때 교사 출신의 70대 노인을 알고 지냈다. 툭하면 곤궁한 집안 사정을 편지로 적어 각처의 지인들에게 보내는 분이었다. 그렇듯 생계의 어려움을 호소하는 글귀를 읽고 무심히 넘길 사람이 몇이나 되겠는가. 나는 그와 동인으로서의 연을 맺고 있어 가까운 지인들의 뜻을 추렴하여 방문한 일이 있다. 오죽하면 평생을 교육자로 곧게 걸어온 분이 체면을 저버렸을까 싶어 안쓰럽기 그만이었다.

그러나 그날 내 눈에 들어온 풍경은 건들거리는 장성한 아들과 뽀얀 얼굴의 부인이었다. 인사를 하는 둥 마는 둥 하며 현관을 나서는 청년이나, 한껏 품위를 유지하려는 듯 끝없이 늘어놓는 두 내외의 사설이 몹시 거북하여 차 한 잔 나누는 시간이 길게만 느껴졌다. 게다가 응접실 탁자에 놓인 편지 다발을 들어 보이며 또 지방의 제자들에게 띄울 것이라 했을 때 나는 두 귀를 의심했다. 그 말은 차라리 듣지 않으니만 못해 귀를 몇 번이고 헹구어내고 싶었다. 살아가며 어쩔 수 없이 맞닥뜨리는 물질의 궁기보다 극심한 정신적 궁핍을 보았기 때문이다. 집에 돌아와서도 떨떠름한 뒷맛에 지배당해 오래도록 개운치가 않았다. 그런 연유에서 그쪽으로의 발길을 뚝 끊고 이따금 궁금해지는 안부조차 알려고 하지 않았다.

그 무렵 나는 칠순의 시어머님 병간호를 하고 있었는데, 여럿이 함께 묵는 병실이다 보니 잠깐 한눈 파는 사이에도 여기저기서 일은 벌어졌다. 그 긴장 속에서 어머님의 대퇴부를 남에게 보이게 되면 꼭 내 치부를 들킨 듯해 더욱 손길이 빨라지곤 했다. 어떤 때는 다른 가족들처럼 적당히 꾀를 내어 슬그머니 발을 뺄까 하다가도, 어머님께 위기상황이 발생하면 나도 모르게 달려가 손발이 되어드리고 있었으니 참 아이러니한 일이다. 엄밀히 짚어 며느리 된 입장의 허세 하나가 따라붙는다면, 환자로 누워계신 분이 주변 사람들에게 책잡히는 점을 용납 못 한 기질이라 하겠다.

그렇게 한바탕씩 민망한 일이 지나고 나면, 어머님은 내 손에 3천 원을 들려주시며 나가서 얼큰한 것 한 그릇 사 먹고 오라 하였다. 그러면 나는 장국 한 그릇 값에 못 미치는 그 꼬깃꼬깃한 지폐를 기꺼이 받아 쥐고 밖으로 나와 빈 하늘을 올려다보며 맑은 공기를 쐬었다. 더러 짬을 내어 구내식당에서 사 먹는 육개장 맛은 어머님의 바람대로 오장육부가 다 시원하였다.

그때 며느리에게 건네는 어머님의 용돈은 생 마지막까지 지키고 싶어 하던 한 여인의 확고한 자존심의 표출이었다. 당신도 며느리로 살아보셨기에 '네 속 안다.'는 암시가 들어있기도 했다. 그러면서 어머님은 흐트러져가는 생의 리듬을 가만가만 다독이고 계셨다. 그 정도의 평온을 지켜보는 것으로 나는 적잖이 풍요로웠다.

어머님은 셋째인 내게 응석 부리는 것을 좋아하신 분이다. 누구나 맞이하게 되는 생로병사의 과정에서 지나치리만치 흑백이 분명하여 특히 싫은 사람에 대한 내색을 감추지 못하셨다. 어느 때는 그 강성의 성품을 좀 내려놓았으면 하고 내심 바란 적도 있지만, 어른의 고집이란 여간해서 꺾이는 일이 없으니 그분을 이해하는 편이 훨씬 빨랐다. 하여 몸은 병들었어도 그렇게나마 분별력 있으신 어른의 자존심을 지켜드리고자 했다.

　무심히 만나고 헤어지는 사람들 간에는 각양각색의 향기가 있다. 그래서 사람의 인품을 꽃에 비유하기도 하고 나무에 비유하기도 한다. 사람 머무는 곳이 자주 찾아가고 싶은 꽃밭이거나 호젓이 거닐 수 있는 숲길이라면 저절로 행복해지기 마련 아닌가. 그러한 향기가 배어나는 곳이라면 여운이 짙어, 사방 천지에 오색구름이 일 것이다. 굴뚝을 타고 오르는 연기조차 해무의 장관에 비할 바 없으리라. 비록 물질과 무관하게 산 속 박토 한 뙈기를 얻어 부치는 사람이라 할지라도 자체적으로 발산되는 기운이 은은하다면, 그 곁에 다가서기만 해도 가슴이 흔흔해질 게 자명하다. 그런 생각이 들 때면 영육 간에 고루 건강한 기운이 들어 이쪽저쪽을 잘 부려 쓰는 사람들이 무한히 부럽다.

　나라가 위기에 처했을 때 우리의 선조들이 맥을 이어온 것은 무엇이었던가. 암암리에 의지하며 의기투합할 수 있었던 이면에는 반드시 지켜가고자 했던 정신력이 존재한다. 표면에 드러내기 막막한 현실이었지만 그 안에서도 민족을 귀히 여기는 뜻이 서로서로에게 전달된 것만 보아도 알 수 있는 일이다. 그 강인한 자존의 기둥이 아니었던들 우리들의 지금 이 순간이 주어지기나 하였을까.

　대전 변두리의 한 산골 마을에는 자그마한 전통가옥 한 채가 있어 수많은 이야기를 들려준다. 지금은 마을에서 공개하여 타지 사람들에게 하룻밤 은신처 역할을 하는 곳이기도 하지만, 그 소박한 울에 들면 사람의 향기가 짙다. 애초에 누가 지었는지, 또 그 서까래 아래서 어떠어떠한 사람들이 깃들어 살다 갔는지를 들여다보면 재목으로 쓰인 나무 하나 돌 하나가 허투루 여겨지지 않는다.

이 고택은 바로 독립운동가 조철행 선생의 숨결이 배인 곳이다. 기미년 3·1만세운동에 가담하여 안성의 한 지서에 불을 놓으신 선생은 가는 물줄기 흐르는 백운산 자락의 세동으로 피신해 왔다. 그리고 작은 집을 짓고 후학을 강학하였는데 이곳에 '백운정사白雲精舍'라는 현판이 걸려 있다. 앞으로는 모두가 글을 알아야 사는 시대가 온다며 마을 사람들로 하여금 낮에는 농사짓고 밤에는 글을 읽게 한 어른. 그분의 체취가 시간 속에 퇴색한 사물들 사이로 되살아난다. 뒤란 대숲에서 일렁이는 바람결까지 온화하면서도 결 곧은 어른의 기개로 와 닿아 그분과 악수 나누게 된다. 진정한 자존심이 무엇인지 생각하게 하면서.

― 《현대수필》 2013. 여름호

3.
배웅

호흡
길 없는 중에 길이 있고
나는 베 짜는 아가씨였다
가랑비, 선율旋律로 흐르다
빙긋 웃거든 피식 웃어라
봉분위에 억새꽃 피고 지고
도깨비 콧구멍
그 길을 걷고 싶다
배웅
철원, 그 멍울의 땅

홉合

 진갈색 홉이 없어졌다. 외할아버지께서 고명딸인 내 어머니를 키울 때 쓰셨다는 유물을 내 집에서 잃어버렸다. 장성한 아들 둘이 수북한 교과서를 정리한다며 내 등을 밀어냈는데 그 후로 보이지 않는다.
 책장 앞에 놓아둔 홉을 어쨌냐 하니, 아이들은 그것이 어떻게 생긴 물건인지를 몰라 답을 못 한다. 두 손을 모아 손가락을 안으로 구부려 보이며 이렇게 생겼다 하나 도무지 알아들은 기색이 아니다. 사방이 나무 재질로 된 작은 것이라 해도 저희들은 그런 걸 보지 못했단다. 온 집안을 샅샅이 뒤져서 나오면 다행이련만 그렇지 않으면 친정어머니 뵐 낯이 안 서게 생겼다.
 홉은 저울이 보편화되기 전의 생활도구로 말이나 되보다 쓰임 면에서 섬세하고 생김새가 앙증맞다. 그래서 어린 날의 내가 가지고 놀기에도 안성맞춤이었다. 여러 가지 곡물을 되질해 담는 어머니 곁에서 나는 곧잘 홉으로 흉내 내며 자랐다. 손가락을 곧게 펴서 내용물을 싹 깎아내릴 때는 왠지 사람이 야박하여 깍쟁이 같고, 흘러내리는 곡물을 정성껏 쓸어 올릴 때는 가슴속이 풍요로 충만해지곤 했다.

요즘처럼 스마트폰 시대에야 그러하던 셈법이 옛말이 되었지만, 양을 가늠하는 용기 중에서 가장 작은 단위의 이것이 꼭 사람과 연결되어 헛웃음이 샐 때가 있다. 특히 가장 가까이서 마주 보고 살아가는 남편의 얼굴에서 종종 그 홉이 떠오르니 피차간에 참으로 안 된 일이다. 굴뚝같이 그런 느낌이 치솟을 때면 차마 말은 않지만, 돌아서서 창가로 다가가 혼자 가슴을 쓸어내린다. 복식호흡으로 숨을 크게 들이마셨다 내쉬었다 하며 홉보다 몇 곱절 작은 간장 종지를 끌어다 댄다. 그러고 나면 적잖이 쾌감이 인다.

그렇게 한 차례씩 속을 달래고 나서 딴청 피는 척하며 그의 표정을 살피면, 측근에게 놀림당한 줄을 아는지 모르는지 만면에 미소를 띠고 있다. 그러면 이내 놀린 점이 미안해 나도 천치같이 웃고 만다.

부부간에 성향이 달라도 너무나 달라 목소리가 나직나직한 그는 매사 분명한 편인 나를 감당하기 버거워하고, 반대로 나는 소심증의 극치를 보이는 남편이 답답하여 속이 탈 때가 많다. 툭하면 그나마의 목소리도 기어들어가 의사확인을 위해서는 귀를 쫑긋 세워야 하니 여간 답답한 게 아니다.

이즈음에야 뭐 그리 다툴 일이 있을까마는 한창 혈기왕성할 때는 친정아버지께 달려가 도무지 그이 속을 몰라 못 살겠다고 하소연하기도 했다. 그러면 아버지는 빙긋이 미소 지은 뒤 "너만 편안히 있으면 그 사람은 천하에 행복한 사람이다." 하셨다. 나는 도인 버금가는 아버지 일갈에 힘입어 항상 내 성한 기운이 문제라고 스스로를 다잡았다. 어쩌다 한 번이라도 못마땅한 속내를 비치는 날이면 그 입이 보름은 붙어 상대를 불안케 하니, 차라리 모자란 듯 허허실실 넘어가는 게 나았다.

사람에겐 저마다 타고난 근성이 있다고 한다. 강성이거나 온유하거나 나름의 성향이 있는 것이다. 흔히들 이 복합적인 차이를 그릇에 비유하는데, 아이러니하게도 남편은 나를 향해 속이 좁다고 툴툴거린다. 그래도 나는 이제껏 남편의 얼굴을 보며 홉이니 좁쌀이니 하는 말은 들먹이지 않았다.

"식물에도 영혼이 있다."고 주장한 전세기 독일의 철학자이며 심리학자인 페이너는 이렇게 말했다. 인간들이 어둠 속에서 목소리로 서로를 분간하듯이 꽃들은 향기로 서로를 분간하며 대화한다고. 꽃이 사람보다 훨씬 우아한 방법으로 서로를 확인한

다니 신비로운 일이다.

그리고 금세기 최고의 식물재배가로 일컬어진 미국의 루터 버뱅크는 식물을 독특하게 길러내고자 할 때면 무릎을 꿇고 그 식물에 말을 건넸다고 한다. 식물에는 스무 가지도 넘는 지각능력이 있어, 가시 없는 선인장을 탄생시킬 때에도 그런 방법을 활용했다는 것이다.

그렇다면 다소 늦은 감은 있지만 나도 사람을 대상으로 정해 노력해보아야 할까보다. 우선 홉이었다가 간장 종지였다가 하는 머리 희끗희끗한 남편에게 태평양, 대서양이라고 새 이름을 지어줘야겠다. 그런 다음 마구 드러내어 바다 이름을 부른다면, 본인이 정작 그리된 듯 넉넉한 모습을 보이지 않으려나.

사람의 정신세계를 수반한 그릇들은 상대의 심리적 변화 따라 커졌다 작아졌다 하기도 한다.

— 《계간수필》 2013. 여름호

길 없는 중에 길이 있고

우연히 걸어보는 길에서 한 가문의 발자취를 확인한다. 오래전 평민으로 돌아와 산기슭에 터를 일군 그 사람의 향기를 음미한다. 궁궐을 떠나올 수밖에 없었던 한 남자의 속사정을 그려본다.

산 너머 마을로 가보겠다고 벼른 봄날 산에서 길을 잃었다. 혼자가 아니고 벗이 있어 두렵지는 않았지만, 길을 안내하는 사람의 체면이 말이 아니게 되었다. 집에서 바라볼 땐 그저 고개 하나 넘으면 될 줄 알았는데, 등성이 갈림길에서 그만 방향감각을 잃었다. 이리저리 난 길을 하릴없는 사람처럼 왔다 갔다 하다가 등산객을 만나 묻기도 했으나 헷갈리기는 마찬가지였다.

우왕좌왕하는 사이 눈앞에 웬 '돼지바위'라는 팻말이 나타난다. '소바위'니 '새바위'니 하는 은유와는 다르게 직설로 와 닿는다. 삶에서 얼마나 복 되기를 바라면 바위에까지 그런 이름을 붙였을까. 누군지는 알 수 없지만 맨 처음 그렇게 명명한 사람에게로 연민 한 자락이 고개 든다.

사람의 발걸음은 마음의 결이고, 나아가 그 결은 사유의 한 갈래가 아니던가. 나는 우직한 이름에 이끌려 화살표를 따라 움직인다. 그리고는 애써 별로 볼품도 없는 바위에서 지칭하는 동물과 닮은 점을 찾아본다. 투실한 목덜미 위로 뭉툭한 콧부리가 솟아있는 걸 보니 그런대로 팻말과의 연결점이 있는 성싶다. 신비롭다거나 영험한 기운 등은 전혀 느껴지지 않는다. 하지만 아랫마을을 향하고 있는 투박한 덩치 곁에서 까닭 모르게 서성여졌다. 그러면서 뜻하지도 않게 낯모를 사람들의 심성을 읽는다. 시대의 간극을 따질 것 없이 인간이 존재하는 한 이어져갈 샤머니즘 신앙을 마주한다. 그저 순박하게 '복 좀 주쇼' 하는 원초적인 아우성이 나를 마구 흔든다. 예나 지금이나 크고 작은 세파의 물결 속에서 간구하고 싶은 것이 어디 한두 가지이랴.

복을 상징하는 돼지에 마음 머물러 한참을 헤매다가 가장 완만한 길을 택해 방향을 잡는다. 그 길 끝에 무엇이 있는지 알 수 없지만, 이젠 아예 애초에 의도했던 길 찾기의 미련을 버렸다.

그런데 그 길에 울울창창한 솔숲을 만났다. 사람 키보다 몇 배나 웃자란 잣 솔밭이다. 늘어선 잣나무 군락지의 황톳길을 걷는 맛이 쏠쏠하다. 예상 외에 덤으로 얻는 행운이 바로 이런 것일까. 마치 마중 나온 사람들의 융숭한 영접을 받는 듯이 내심 우쭐해진다. 이 일대는 임영대군臨瀛大君 후손이 관리하는 선산이란다. 불현듯 무심중에 길 선택을 잘했다는 느낌이 든다.

임영대군이 누구인가. 조선 초기의 종실이다. 세종의 넷째아들이며, 어머니는 소헌왕후昭憲王后이다. 그는 일찍이 부친의 명을 받들어 총통銃筒제작을 감독하였고, 이후에는 문종의 지시에 의해 화차까지 제작했는데, 세조가 정권을 잡자 보좌하여 신임을 받았다고 한다. 왕손이면서도 부지런하고 검소했던 그는 사람들을 대하는 데 있어 교만하지 않은 인물로 정평이 나 있다.

그러나 그는 세조의 왕위찬탈의 충격으로 멀리 떠나오게 된다. 의왕의 한 촌락에 깃을 내리고 매일 이곳 모락산에 올라 한양을 향해 망궐례를 올렸으니, 이는 막막한 현실 가운데서도 한 가닥 반듯한 길을 찾으려 한 몸짓이 아니고 무엇이랴. 시대적 정황으로 보아 치달리는 권력 앞에서 형제간이라도 자칫 피를 보기 십상이었거늘, 그 모든 끈을 놓고 초야에 묻혀 형의 강한 기운이 잦아들길 기원한 아우의 깊은 성정을 내가 사모하게 되었다.

산길은 거리를 두고 바라다보는 것과 가까이 다가섰을 때의 결이 다르다. 이쪽이 정면이라 여기다가도 저쪽 모퉁이에 가서 보면 거기가 또 정면으로 품이 클 때가 있다. 단걸음에 오를 것 같고 넘을 것 같았던 나지막한 산도 막상 한 걸음 한 걸음 떼어놓다 보면 각양각색의 분위기로 다가와 번번이 새로운 길이 되곤 한다. 그래서 고고한 군자의 모습으로 서 있는 바위며 나무에 감탄하는 것이고, 칭얼대는 아이들처럼 잴잴거리는 물줄기를 만나 미소 짓기도 하며, 혹은 만년지기인 양 머릿결을 어루만지는 바람 자락에 취해 흔흔해하기도 한다. 그런가 하면 매우 원초적인 투박한 사물에서 해학을 맛보고, 제3의 의미를 발견해 눈이 번쩍 뜨이기도 한다.

궁금증을 안고 계속 내려가니 뭉게구름 떠가는 파란 하늘이 열린다. 묵은 벚나무 군락이 연붉은 봉우리를 툭툭 틔운다. 그 산자락에 에워싸여 괭이질하는 허름한 차림의 노인이 신선으로 보인다. 소란스러운 것들로부터 물러나 고요에 드는 이상향의 세계가 바로 이런 곳이지 싶다. 저이도 인생길에서 곤곤한 때가 어찌 없었겠는가. 하나 자연에 기댄 얼굴에서 달관의 경지가 읽혀져 괜히 말을 걸어본다.

"어르신이 신선이시네요."

"예, 그렇습니다. 하하."

애초 가려고 마음먹었던 마을 안쪽 깊숙한 길이다. 묵은 감나무에 나지막한 돌담이 정겹게 손짓한다. 소박한 분위기가 감도는 한적한 마을, 그 흙길이 그리워 나선 길이 아니었던가. 잣나무 숲을 빠져나와 마주하는 곳에서 무한한 희열을 느낀다. 산에서 엉뚱할 정도로 놓아버린 무목적의 끝점.— 거기엔 짙은 여운이 기다리고 있었다. 떨리는 가슴을 가만히 가무린다.

살아가며 맞닥뜨리는 인생길도 별반 다르지가 않으리라 여긴다. 꼬이는 듯하다가 풀리고, 너무 엇나가 차라리 놓아버리고 나면 또 다른 빛으로 다가오는 길. 시시로 열망하는 것 앞에서 좌충우돌하다가 잠시 멈추어 심호흡을 하고 나면 새로운 길이 열릴 때가 있지 않은가. 그러구러 결국 처음의 의도대로 되어가는 점을 종종 확인하는데, 그럴 때 나는 길 없는 중에 길이 있는 이치를 어렴풋이 알게 된다.

그 옛날 이 길을 거슬러 올라 궁궐을 향해 예를 올리던 그 사람은 지금쯤엔 우리들에게 무슨 말을 던져주고 있을까. 매사에 큰 욕심 내지 말고 과한 성심 다스리라며 넙죽 절을 하는 것은 아닐지 옷깃을 여미게 된다.

이십 년 가까이 내게 너른 정원이 되어주고 더러는 벗이 되어 두런거리는 산 모락. 그 등성이에 깃든 늠름했던 한 궁궐 남자의 발걸음소리가 뚜벅뚜벅 자박자박 귀를 간질인다. 나라의 평정을 위해 이만쯤 비켜서서 애 삭이던 그의 속말이 가슴에 쏙쏙 와 박힌다. 그 훈김 끝에서 화사한 산벚꽃이 한들거린다.

— 《수필시대》 2013. 여름호

나는 베 짜는 아가씨였다

째깍째깍….

바디틀이 움직이는 대로 북이 실을 물어 나른다. 오른쪽에서 왼쪽으로 왼쪽에서 오른쪽으로 치달으며 열심히 실을 메긴다. 이것들의 추임새에도 정해진 운율이 있어 자칫 머뭇거리다가는 바디틀에 끼이고 만다. 그렇게 되면 쏜살같이 베틀을 멈추고 감긴 필목을 풀어야 한다. 그 길은 한창 달려왔던 길을 거스르는 것과도 같아, 날줄을 살피며 씨줄을 찢어야만 되돌아갈 수 있는 길이다. 그리고는 거리낌 없이 교열이 어긋난 곳까지의 실을 뽑아낸다. 날줄이 끊어져 올이 비었을 때에도 신속하기는 마찬가지이다.

이때 바디틀 사이의 손은 신들린 듯 춤을 춘다. 필목을 짤 때 바디와 북이 정교한 리듬에 맞춰 향연을 벌였다면, 그것을 풀어 바로잡을 때는 엄지와 검지의 손톱 끝에 한껏 기운을 모아야 한다.

계룡산 자락 고향 마을에는 발동기로 전기를 일으켜 베를 짜던 직조공장이 있었다. 주로 아기들의 기저귀 감을 짰는데, 그 무렵엔 전기가 닿지 않아 발전기에서 일으킨 전기로 공장 안을 밝히고 베틀도 돌렸다. 그 시절 힘겹게 피댓줄을 돌려대던 발동기가, 어려운 사회를 이끌어 가는 요즈음 현실과 흡사하였다.

열여섯의 나이로 나는 그곳에서 베를 짰다. 한 달 내내 쉬는 날 없이 일하고 급여를 받아 적잖이 보람을 느끼던 시기였다. 내 언니를 비롯해 동네 처녀들이 하는 것을 어깨너머로 배워뒀다가, 결국엔 내가 언니를 밀어내고 자리를 꿰찼다. 상머슴처럼 씩씩한 언니는 아버지와 손을 맞춰 거친 농사일을 도맡고, 뼈가 덜 여문 내가 그 뒤를 이어 베 짜는 아가씨가 된 것이다. 어느 때는 실을 향해 촉을 세운 엄지손톱이 검지의 지문을 연타하여 얼얼하기도 했다. 하지만 이내 베틀이 제 기능을 하여 결고른 필목이 쌓여갈 때면, 나는 허리를 펴며 심호흡을 했다.

"너는 네 살이 되어서야 아부지 소릴 했어."

가족은 물론이고 이웃 사람들까지 나를 보며 한 마디씩 던졌다. 동생들의 경우 첫돌이 지나면서부터 말 흉내를 내는데 내가 늦되긴 참 늦되었던가 보다. 그래서인지 마을 청년들도 어린 나를 보며 툭 툭 던지는 말이, 엄마가 따로 다리 밑에 있다는 것이었다. 그래서 한 번은 그렇게 말하는 사람들의 팔을 잡아끌고 예의 그 다리로 가자고 떼를 썼다. 그러자 다시는 그런 말을 하지 않았다.

그러나 어른들은 이어 다른 놀림거리를 찾아내었다. 겨우 다섯 살짜리 아이에게 "선화야, 네 밥그릇이 얼만 해?" 하고 물어, 나는 망설일 것도 없이 연둣빛 사기 주발을 떠올리며 두 손으로 둥그렇게 해 보이곤 했다.

"헥! 그렇게나 밥을 많이 먹어?"

또 당했다. 되풀이되는 놀림을 받으며 바꿔 대답할 법도 한데, 나는 한 번도 밥그릇의 크기를 달리 말한 기억은 없다. 그래 봬도 내 유년의 밥그릇은 우리 집에서 아주 특별한 그릇이었다. 내가 아기일 때 집에 불이 났는데 불구덩이에서 유일하게 건져낸 살림 도구라 했다. 그래서 자부심이 더했는지 모른다.

돌이켜봐도 선연한 안쪽은 희고 겉은 나뭇잎무늬 새겨진 옹형의 그릇 한 개. 그것에 나는 왜 그리 집착하였을까. 열 번을 물어도 똑같은 대답으로 손 모양을 만들어 보였으니, 말문도 늦게 튼 내가 하는 짓이 얼마나 어설프고 우스웠으면 마을 사람들이 놀이 삼아 자꾸 물었을까. 그때는 동생이 두 명밖에 없었다.

하나 그 연둣빛 밥그릇과 함께 나는 십 대로 올라섰고, 동생은 곱절 이상으로 늘어났다. 동네에서는 물론이고 학교에서도 동생이 가장 많은 아이가 되었다. 게다가 남동생들을 줄줄이 두고 보니 이젠 누구 하나 나를 상대로 시시콜콜 말장난을 걸어오지 않았다. 그래도 그때는 뜻을 세워 안 될 일이 없을 듯했다. 토끼를 키우고, 돼지를 키우고, 소를 키우며 어떻게든 집안을 일으키려 정열을 쏟았다. 부모님도 허리띠를 졸라매며 안간힘을 다했지만, 형제들의 교육문제까지 해결하기에는 역부족이었다. 하여 다시 더 너른 세계를 향해 몸부림을 쳤다. 당장의 편안함에 안주했다가는 확보된 미래란 가당치도 않을 일이었기에 도시를 동경하게 되었다.

그렇게 하여 몸을 기댄 섬유회사의 기숙사에는 충청도 외에 경상도, 전라도, 강원도의 말씨가 섞여 있었다. 낯가림이 심한 나는 그들과 쉽게 어울려지지가 않았으나, 우리가 이곳에 왜 왔는가 하는 이유 하나만으로도 이질감 따위는 느낄 필요가 없었다.

꽃샘바람이 불던 봄날이었다. 나는 읽고 싶었던 책을 몇 권 사 들고 동료 몇몇과 인근의 고등학교 교정으로 걸어가 푸른 전나무 아래서 사진을 찍었다. 누구도 말은 하지 않았지만, 저절로 자신들의 처지에 비애를 느낀 하루였다.—늘어진 나뭇가지에 반쯤 가려진 얼굴, 오랜 세월이 지났음에도 그 사진이 그날의 감정을 말해준다. 얼굴은 활짝 웃고 있지만, 우수의 그늘이 드리워져 있다. 어쩌자고 남의 교정에서 도둑고양이처럼 사진을 찍었던가.

독학의 세월 속에서 나는 이십 대 중반에 순한 남자를 만나 결혼했고, 두 사내아이의 엄마로 살고 있다. 학업을 마치고 작가가 되어 몰입한 사이 격동기를 함께 한 동생들은 각자의 자리에서 크게 한 몫씩 하고 있다. 교사가 있고, 연구원이 있고, 사업가에 기능장이 셋이다. 아울러 내 아이들도 둘 다 공직에 나가는 몸이 되었다.

이처럼 나는, 나이 쉰넷에 이르는 동안 평탄한 삶을 살아온 사람은 아니다. 그렇다고 당면한 일에 좌절하여 두 다리를 뻗고 평평 울지도 않았다. 그 대신에 간간이 걷던 길 멈추어 행보를 돌아보는 버릇이 붙었다. 한 쪽으로 치우치진 않았는지, 혹은 씨줄을 물고 바디틀에 끼이던 북처럼 저편에 닿고자 하는 마음에 너무 성급하진 않았는지 멈칫멈칫 두리번거리며 자리를 살핀다. 그러면서 그 옛날 밥을 담아 먹던 소박한 그릇을 생각한다. 화마火魔를 겪어 비록 온전치는 못했을 용기이지만, 요즘 들어 그 둥그렇고 그윽한 것의 분위기를 되살리며 찬찬히 음미하게 된다. 그러다 보면 아직 다다르지 않은 미답의 길이 엷은 빛으로 다가올 때가 있다.

—《대한문학》 2013. 가을호. '15매 자서전'

가랑비, 선율旋律로 흐르다

사람들 가슴속엔 울림통이 들어 있다. 그것은 저마다의 살아가는 모습을 닮아 있다. 그래서 때로는 진중한 소리를 내기도 하고, 가랑비 스미는 듯한 연가戀歌를 흥얼거리게도 한다. 우리들은 삶의 소용돌이를 반주하는 그 가락에 사로잡혀 생의 힘을 얻는다. 이다음 다시 흘러나올 선율에 대한 기대도 어렴풋이 해 보면서….

정초, 인사드릴 어른이 있어 하행선 열차를 탔다. 백설白雪로 뒤덮인 세상인데 내륙으로 들어갈수록 포근해지는 느낌이었다. 옆자리의 남자가 영동 출신이라고 말을 걸어왔다. 일순 잠재의 뜰에 '쿵' 하는 소리가 났다. 이어 자분자분 가는 빗줄기가 내려앉는다.

충북 영동에서 고등학교 시절까지 장학생으로 마친 청년이 있었다. 서울의 H무역회사 공채에 합격한 야간대학생이었다. 그는 일찍 객지생활에 뛰어든 내게 있어 대단한 자긍심으로 작용했다. 깊은 사색의 배경엔 그가 떡하니 버티고 있다. 세상을 보다 넉넉하게 관조하는 힘도 그를 만나던 시간 속에서 한층 더 길러졌다고 해도 과언이 아니다. 달리 말하면 자기보다 세 살 아래의 여자아이의 정신세계를 그가 키운 격이다.

그는 내 이상이었다. 숨 막힐 정도로 달리 어찌해볼 수 없는 가난의 굴레 속에서, 나로 하여금 구체적인 꿈을 꾸게 한 사람이다. 묵묵함 속의 은근한 눈빛을 통해 우주를 얻은 듯했고, 사고思考의 문은 사방팔방으로 열려 나갔다. 안간힘으로 용을 써봤자 우물 안에서 헤엄치기에 급급하던 내게, 그는 세상이 무한대라는 사실을 은연중에 인식시켰다.

갑갑한 현실을 이겨나가는 방편으로 문학서적 쪽으로 눈을 돌렸는데 그를 알기 전의 꿈이 막연했다면, 또 나보다는 주변 사람들의 입장을 먼저 살폈다면, 그를 알고부터는 진정한 나를 들여다보는 시간이 늘어났다. 소설을 꿈꾸는 내게 그는 철학적 사고로 인도했다. 법정스님의 《서 있는 사람들》을 권하며 불교에 대한 이해를 꾀하기도 했다. 그의 정신세계를 읽어내기 위해 나도 자연적 불교사상에 접근하게 되었다.

그는 이미 내가 넘보고 싶은 길을 걷고 있었다. 명석한 두뇌

만큼이나 풍부한 지식으로 내 목마름을 채워주었다. 만남의 장소로 '거기'라고 운만 떼어도 시내 복판 지정된 자리에 붙박인 듯이 서 있던 사람. 그럴 수밖에 없는 것이 그는 번듯한 회사에 소속되어 근무시간이 규칙적이었지만, 내 처지는 그렇질 못하여 자주 그를 애태웠다. 그래도 소규모 사업장 울타리 안에서 맴돌다가 온전한 나로 깨어나 그를 만나러 가는 시간이 진정한 스스로와 조우할 수 있어 행복했다.

그때 걸었던 거리가 눈에 밟힌다. 나뭇잎 피고 지는 가로수 길을 얼마나 누볐던가. 그리고 얼마나 많은 이야기를 그 길에 풀어놓았던가. 언제부턴가는 아예 그가 내 직장 가까이 찾아다니기 시작했다. 시간을 절약하려는 방법이었는데, 일찍 퇴근한 그가 버스를 타고 신촌 근처에 와서 기다리곤 했다. 우리는 포장마차에서 한 그릇의 국수에 두 사람의 젓가락을 박고도 당장의 고뇌보다는 내일의 포부에 대해 열띤 이야기를 나눴다. 그럴 때면 이미 꿈을 이룬 서로의 모습이 귀하게 그려져 뿌듯하기도 했다.

하나의 개체로 세상에 나서 방대한 뜻을 세우고, 그 포부를 이루기 위해 나아갈 수 있는 사람은 축복받은 사람이요 행복한 사람이다. 독학생으로서 자신의 공부 외에 부모형제의 뒷바라지만 안 해도 그 사람은 선택받은 사람이란 얘기다. 하지만 이 역할을 고루 해야 하는 사람도 태초에 그 나름의 몫을 선택받기는 마찬가지 아닌가. 그 무렵 나는 주경야독의 길을 걷고 있었다. 이따금 자신을 향한 연민에 용틀임을 하고 나면 여기저기 터진 내면의 상처로 피투성이가 되곤 하였다. 하지만 동생 여덟을 둔 사람으로서 별다른 묘수가 없었다. 행여라도 부여받은 굴레를 벗을 생각은 아예 해보지도 않았다.

그러구러 몇 해가 흘렀고 나는 그에게 거짓말을 하기 시작했다. 간절한 마음과는 달리 날 선 절교편지를 부쳤다. 그러나 그때까지만 해도 두 사람의 인연은 닿아있었던지 며칠 못 가 우연히 엉뚱한 길에서 만나는 일이 빚어졌다. 서로가 연고와는 무관한 강남의 신사동 로터리—나는 이편 정류장에 서 있고, 그는 회사 동료들과 건너편 정류장에 서 있었다. 잠시 후 그는 내게로 건너왔고 편지의 내용에 대해서는 두 사람 다 입을 열지 않았다. 언제 무슨 일이 있었느냐는 듯 같은 버스를 타고 재재거리며 돌아다닐 뿐이었다.

그러던 어느 날 그는 미국으로의 국비 유학을 준비하고 있다고 했다. 나는 그를 붙잡아 세울 생각은 하지 못하고, 진로를 향해 나아가는 그 길을 부러워했다. 뜻이 확고하니 분명 큰 사람이 되리라 믿었다.

한창 푸르던 시절, 왜 갈등이 없었겠는가. '한 하늘 아래 숨

쉬는 것만으로도 행복을 느낄 거'라며 근사한 포장으로 그를 떼어놓았지만, 돌아서서 어찌 가슴 쥐어뜯지 않았으랴. 허나 청운의 꿈에 부풀어 해외진출을 희망하는 사람을 내 욕심에 겨워 가둘 수는 없는 일이었다. 더욱이나 부모형제를 외면하고 사랑을 택해 따라나설 배짱은 열 번을 다시 태어난다 해도 희박한 일이다.

이즈음에도 은연중에 그와 함께 걷던 길에 가 닿는 날이면 가슴부터 울렁인다. 현악기의 울림통인 양, 가랑비를 모아둔 비받이 물통인 양 한 차례씩 공명共鳴현상이 일어난다. 그러다가 먼 기억 속의 가는 현을 늘리어 가랑가랑 소리를 낸다.

— 《에세이포레》 2013. 겨울호

빙긋 웃거든 피식 웃어라

―갱년기 세레나데

글쎄, 그렇다네. 그때가 되면 누구나 심리적, 육체적 변화를 크게 겪는 거라네.

다음 생엔 졸장부 말고 대장부를 만나련다. 갈등의 근원은 안사람을 옥죄어대는 남편과의 일이지. 그거 숨기느라 밖에 대고는 너스레로 넘어가는데, 이젠 이렇게라도 말을 해야 숨이 쉬어지겠네. 속 얘기를 조금이라도 하면 그는 삐치고 입이 붙어버리지. 그래서 아무 말도 못 해. 그것이 너무 슬퍼. 이젠 지쳐서 내가 어찌 지탱하는지 스스로도 의구심이 일 때가 있어. 그나마 맡겨진 사람들이 아니면 맥을 놓아버릴 것 같아.

이런 말이 친정식구들에게도 안 먹혀. 숨 막혀 죽겠는데도 그 사람한테 잘하라고만 해. 간장 종지, 삐딱이, 쫌보, 그 남자에게 나를 우그려 넣느라 위장병이 들끓어도 나보고만 다 내려놓으래. 여러 가지 번잡스럽던 일도 접었어. 공인들과의 교류를 접고 들어앉는 연습을 3년이나 해서 이만한데, 에서 얼마만큼 더 작아져 저 그늘에 들어야 한다니…. 나는 지극히 한 남자의 그늘에서 안주하고 싶은 사람이야. 한데 그는 이렇게 해봐도 저렇게 해봐도 나를 품질 못해. 이 말은 그의 그릇 안에 들기가 버겁다는 의미의 다른 말이 되는 셈이지.

그런 와중에도 내가 나를 거르느라 조심하며 다잡고 있지. 스스로를 잘 다스려야 맑은 심성으로 문학에 충실할 것이라고 되뇌면서. 그러나 그는 나에 대해 아무것도 몰라. 내가 무슨 생각을 하고 있는지를. 그에게 너무도 놀라고 반복해서 치이다 보니 나도 아차 하는 순간에 혼미해질 것 같아. 그가 웃었구나 하고 마음 펴질라치면 어느 순간 손바닥 뒤집히듯 번복하는 그에게 이제는 대처할 기운조차 없어.

연전엔 여름내 석 달간 다 내려놓고 초야에 묻혀 사는 준비만 했어. 문학 강의도, 오래도록 해온 수필전문잡지의 편집일도, 좋은 글 가려내는 선정 작업도 손 놓기에 들어갔지. 그렇게 해서라도 다른 부부들처럼 오순도순 사는 방법에 대해 연구하면서 말이야. 그러나 줄줄이 엮인 자리에 동참하지 않고 자기를 향해서만 부단히 노력하는 줄을 그는 전혀 모르는 것 같아. 전원생활을 미리 준비하게 하지도 않고, 그렇다고 나를 꽉 붙들고 강압 정치도 못하며 어정쩡 속 후비기에 혈안이 되어있으니, 나는 누구에게 민망하여 속을 털어놓을 수도 없어. 그동안은 체면이란 것을 염두에 두어 점잖은 척했는데 실은 이리 답답한 내막이 있다네.

　무엇보다도 아이들 앞에 엄마로서 못난 모습 보이는 것이 청운의 꿈을 안고 가는 그 길에 저어될까 가슴을 훑어 내리면서 요즘 그렇게 살아. 이런 솔직하고 세세한 이야기가 어디에 통하랴. 그나마 글발이라도 뻗쳐 남들 눈엔 화려해 뵈는 김아무개가 이리 숨죽이고 사는 거 누가 알기나 할까. 더러는 남편과 산천에 묻혀 다 버리고 살 수 있겠거니 하고 작정도 했었는데 그건 이제 와 생각하니 망상이었어. 그래도 나를 일으켜 세우는 건 문학이더라고. 바꿔 말해 내가 질기게 붙들고 사는 것이 문학이란 얘기지.

　그가 어떠한 방법으로 위무해야 회복될지 나도 모르이. 아예 그 사람 사전에 '위무'라는 말은 알지도 못할 거네. 자식들 번듯번듯 키워놓고 내가 이리 남편으로 인해 속을 태울 줄이야. 그간은 그의 심술을 초월할 젊음이 있었네. 아니, 얼마 전까지만 해도 내가 남편이 얼마나 독한 사람인지를 몰랐나 보네. 큰애가 서른을 바라보는 이제야 그를 알겠어. 나, 참 늦되는 거

맞지?

 그가 벙긋하고 미소만 지어도 환하게 웃던 내가 어딘가로 자꾸 숨으려고 해. 또 하나의 나는 애써 그런 나를 붙들다가 숨지 못하게 하고. 내밀한 문 하나가 이미 닫혀버렸어. 그는 내게 결정적인 순간에 신뢰를 잃었어. 운명치곤 너무하다. 그에게 종속되어 그를 위해 헌신으로 살면 그가 다 알 줄 알았던 일이 어림없는 짓이었고, 조금 전에 그렇구나 하고 동조했던 것을 손바닥 뒤집듯 하는 줏대 약한 남자에게 내 무엇을 더 기대하리.

 이제 더는 상처받지 않을 거네. 결혼 후 처음으로 다부지게 결심했으니까. 쉽게 그를 향해 웃어주지 않을 거라고. 그의 인생에 '미안해.' '내가 너무했어.' '힘내.' 이런 말은 없어. 퇴보하려는 의식을 가까스로 일으켜 세우면, 어느새 그가 나를 옥죄어 와서 죽을 것 같아. 고개 들던 감성이 곤두박질치지.

 그래도 운명이지, 운명이지 하며 산다. 바보같이, 천치같이…. 머리에 먹물이 모자라 그가 마누라를 이리 대하는 건 아니야. 교만이 하늘을 찌르는 까닭이야. 내 이제껏 그의 언어순화를 꾀했어도 남을 비하하고 비아냥거리는 말투는 누가 들을까 무섭다네. 나, 그런 남편을 그간 하늘같이 우러르고 살았어. 그리하다 보면 그가 큰 그릇 될 줄 믿고 그렇게, 그렇게 그를 떠받들며…. 애초 그의 그릇이 저만했지 하는 것을 수차례 반복확인하며 예까지 왔지만, 이젠 삐치기 대장 그를 내가 더는 풀어줄 기운이 없어. 품어줄 품도 줄었다네.

그래서 나는 이해할 수 있지. 남편과 결혼한 것을 그리도 후회했다는 고고한 여류시인 허난설헌이나, 대한해협에 몸을 던져야 했던 신여성 윤심덕을. 그러나 내 무슨 수가 있겠는가. 이제껏 잘하는 짓이란 나를 달래는 일이니 그 일이나 계속하며 살아가는 수밖에. 말을 속으로 삼키는데 이골이 난 사람이 나란 인물이니 그냥 좀 더 해보지 뭐. 무심한 듯 유심한 듯 지내다 보면, 어느 날 훌훌 털고 소나기 같은 작품 들고 지인들과 만날 수 있으리니.

그 사람은 자기 외에 선생이 없어. 게다가 세월의 더께만큼이나 살아오며 터득한 철학이 늘어서 잔소리는 하늘을 찌르고. 마지막이라거나 하는 극단적인 말은 내가 여간해서는 안 쓰는 말이지만…. 잘 버텨볼게. 복잡 난해한 나를 역시 잘 걸러볼게. 나를 확인시키는 것은 문학밖에 없어. 그런데 그걸 잠시 망각하고 남편이란 대상에게 안주하려 했나 봐.

봄부터 시작된 위장병이 낫질 않아. 의사가 다 나았나 보자 했고 나도 이즈음엔 아픈 증세가 없었는데, 막바지 검사일 5일 앞두고 잠도 못 잘 만큼 배앓이를 했어. 그런 밤을 새웠어도 아침이면 일어나 밥하라는 이가 그 사람이야. 그래도 그런 건 아무것도 아니지. 휴~ 지금도 오른쪽 위벽에 돌덩이가 매달린 느낌이야. 결과는 좀 더 있어야 나오고. 나보고 '평생 놀고먹은 사람'이란 그에게 평생 놀지 않은 나는 학생들 수업준비나 해서 다녀와야겠다.

 이런 저런 감정들을 다 뭉뚱그릴 수 있는 용어가 있지. 호르몬 변화가 일어난다는 '갱년기!' 그거 한 번 혹독하게 치르는가 봐. 스스로 잘 화해하고 일어설게. 오래지 않아 또 웃으며 살아가게 될 거야. 글자로나마 감정을 누르지 못한 내 이 독설이 행여라도 그에게 누가 될까 바로 반성되니 이 아낙, 못 말릴 사람 맞다.

 이어 그를 봐주기로 또 마음먹었어. 내 오랜 문학 스승의 "오늘 밤 한 번만 끌어안고 뒹굴어라. 그럼 다 해결된다."는 명언에 어이없이 웃고 말았지. 사실 아직 뒹굴지는 않았는데 남편의 말씨가 다소 부드러워지고 있으니, 나는 그를 향해 아무 일도 없었던 듯 결국 내면의 못마땅한 속은 비추지도 못한 채 이번 게임 종료해야 할 듯하네.

 "결혼은 한 울에 든 것이니 매사에 공존이다." 하던 내게 "각기 추구하는 바가 다르니 따로따로여야 맞다." 하던 그가 그리도 섭섭하더니, 이제 와 울은 하나라 하니 놀랍고 갑갑하지 아니한가. 자기의 좁아터진 울 속에 제대로 가두지도 못하면서 말이지.

하지만 이번에도 그냥 져 줄래. 그가 빙긋 웃어서 나도 피식 입이 벌어지려고 해. 언제 심술부렸나 싶게 아무리 빙긋대도 절대 웃어주지 않을 거라 다짐했는데, 울엄마가 그러래. 그가 빙긋 웃거든 못 이기는 척 피식 웃으라네. 모처럼 팔순 바라보는 노모 말씀 들어보려고. 정녕 답이 묘연할 땐 인생 선배의 지침을 따라보는 거지 뭐. 나, 지금 잘하고 있는 거 맞지?

들은 말인데 글쎄 그렇다네. 남자도 갱년기가 와서 변덕이 죽 끓듯 하는 거라네!

— 《문학이후》 2013. 겨울호

봉분위에 억새꽃 피고 지고

―구리시, 동구릉 내 건원릉

흙을 딛고 다니다 보면 희한하게도 몸에 기가 흐르는 것을 느낄 때가 있다. 그것을 한 마디로 딱히 해명은 할 수 없는데, 어떠한 지형이라든가 그 땅과 관계된 인물의 기운이 알게 모르게 작용하는 것 같다.

9년 전이던가. 11월 초순의 깊은 가을날, 경기도 구리시에 있는 동구릉 나들이를 하였다. 그중에서도 조선의 태조대왕 이성계(李成桂, 1335. 11. 4~1408. 6. 18)가 잠들어 있는 건원릉을 돌아보기로 했는데 묘역의 첫인상에 매료당했다. 아래서 올려다보았을 때 잘 다듬어진 잔디 구릉 위로 웬 꺼벙한 풀무리가 눈에 들어온 것. 하마터면 여기가 왕릉이라는 사실도 망각한 채 파안대소할 뻔했다. 그 모양이 꼭 여염집안 사람들이 벌초한다고 모였다가 꾀를 피운 형색 같아서였다. 필시 꾀는 피우지 않더라도 느닷없이 날아든 벌에 쏘여 중단되는 예화를 아는지라 나는 궁금증이 더해갔다. 하나 무슨 연유인지 관리인이 길을 터주지 않아 세세히 살펴볼 수 없었다.

발이 묶인 채 한창 궁금증이 더해갈 무렵, 수십 명의 역사학과 남학생들이 몰려왔다. 끝줄에서 다가온 인솔자가 "자, 시작 신호하면 막 바로 뛰어!" 한다. 나는 기회는 이때다 싶어 학생들보다 먼저 뛰어 올라갔다. 숨을 헉헉거리며 봉분 앞에 섰다. 붉은 대궁 서걱대며 서 있는 풀 무더기는 시골 사람들과 친근한 억새였다. 억새꽃이 허연빛으로 사람을 부르고 있지 않은가.

반전이었다. 여말의 탁월한 무장으로 전설 속 인물이라 일컬어지는 그가, 개혁파 선비들과 뜻을 같이해 고려를 무너뜨리고 조선을 세운 한 나라의 시조 되는 그 어른이 억새꽃을 머리에 이고 누워계실 줄이야. 시골 산자락에서 뛰놀며 자란 나는 가슴에 전율이 일었다. 억새는 잎이 날카로워 손을 베이기 쉬워서 아이들에게 주의를 요하던 풀이다. 밭 두둑이나 언덕배기에도 지천이어서 소들이 맛있게 뜯어먹었고, 화력이 좋아 밥 지을 때 불쏘시개감으로 안성맞춤이던 여러해살이 풀이다.

한양에 자리를 잡은 태조께서는 평소 고향 함흥을 그리워하며 그곳에 묻히기를 간구했단다. 사정이 여의치 않자 고향의 흙으로 덮어달라는 유언까지 남겼다고. 유지를 받든 태종 이방원이 사람을 시켜 함흥에서 흙과 억새풀씨를 가져오게 해, 부친의 봉분을 지금의 모습이 되게끔 하였다 한다. 그것이 가령 흙 한 줌이었을망정 위안의 가치는 가히 상상을 초월하는 것이리라.

연전 윤달에, 친정어머니는 당신 대에서 성씨가 끊기는 외가 조상님들의 산소를 염려하여 일을 서둘렀다. 황해도에서 도道에 뜻을 두고 자리를 옮겨 계룡산 자락에 터를 잡으셨던 어른들의 유골을 갈무리하겠다는 의지로 산일을 감행하였다.
  선영에 아침 햇살이 퍼질 무렵, 가족들은 두 기의 봉분을 에 워쌌다. 각각 증조할아버지 내외분과 외할아버지 내외분의 합장 묘역이다. 일을 돕는 이들이 "파묘요~!" 하고 냅다 외치더니 이내 삽질에 들어갔다. 형제들은 빙 둘러서서 우리들의 반쪽 뿌리에 대해 눈을 반짝였다. 유년기엔 상상만으로도 무시무시하게 여겨지던 묘 안의 정물을 두 눈 또렷하게 뜨고 기대하는 것이었다.
  매장문화를 기본으로 이어온 전통으로 볼 때 매우 어려운 용단이었다. 하지만 어머니의 혜안은 이러한 행위가 곧 책임을 다하는 것이라 하였다. 그렇게 하여 한 발짝이라도 애초 뜻을 두었던 땅 가까이에 모셔드리는 것을 대안으로 내놓았다. 드디어 증조부모님 봉분이 해체되고, 인부들이 두 손을 받쳐 흙 한 줌을 들어 올렸다. 우리들은 그 흙을 창호지로 고이 감쌌다. 그리고 인부들이 들어있는 땅속을 뚫어져라 들여다보았다. 붉은 황토 다져진 곳에 표시 나게 앉았던 석비례 토심. 내 고향 뒷산의 그것이었다. 사후 반세기가 훨씬 넘어 전개되는 확인 작업 앞에 나는 그저 숙연할 따름이었다. 내게 피와 살을 내려주신 오래전의 어른들은 이미 자연이 되어 있었다.

 사람이 어느 곳에 터를 잡는가는 본인의 의지에 따라서 이뤄지기도 하지만, 나라정책에 등 떠밀려 그리될 때가 있다. 외증조부님은 '인시천사상人是天思想'을 받아들인 동학東學도로서 남하하여 나라의 안위가 위태로울 적에 동학농민운동에 가담하였던 분이다. 다락방에 숨어 가까스로 위기를 넘기고 가족들과 함께 계룡산 신도안에 둥지를 틀었다. 신도안은 이태조께서 새로운 도읍으로 정하려던 곳이기도 하다. 외가 어른들은 그 땅에서 도를 이루었으며 후손을 안아보고 생을 마치셨다 한다.

 그러나 그 지역에 주요 군 본부가 들어오게 되어 대대적 이동이 이뤄졌다. 우리 가족들은 고향을 등지고 조상님들의 유택마저 옮겨 모시며 실향의 설움을 겪었다.―에서 인부들이 들어 올린 한 줌의 흙은 선인先人들의 영육이 깃들었던 땅에 대한 긴밀한 확인이 아니고 무엇이랴.

다시 건원릉으로 이야기를 돌린다. 봉분 위에 피고 지는 억새꽃은, 재위 기간 6년을 비롯해 상왕上王에서 태상왕太上王으로 정치를 펴다 생이 다한 한 장부의 가슴속 다른 결이다. 새나라 건국에 앞장서 큰 짐을 짊어진 정치가로서 홀로 삭여야 했던 외로움의 다른 표현이고, 어머니의 땅에 대한 애틋한 향수이다. 불 일 듯하는 이상과 인간 본성의 순수한 가락들이 억새꽃 피고 지는 사이사이로 들려오는 것을…. 그래서 한 해에 여러 번 벌초하는 여느 왕릉과 달리, 매년 한식날에 한 번만 억새를 잘라내는 6백년 전통의 예초의刈草儀 의식은 더욱 차별화되어 신선하게 남는다. 그 여운이 사람마다 추구하는 생의 본질을 더듬어 보게 한다.

— 《경기문화나루》 2014. 9,10월호.
경기문화재단 2014 창작지원 작가 신작모음집,
경기문학 《그곳에 이야기가 흐른다》

도깨비 콧구멍

—수원 화성 포루이야기

　도깨비 이야기가 나오는데 웃지 않을 사람 있을까. 도깨비란 말만 들어도 까르르까르륵 웃음이 터질 판이다. 그런데 그것의 콧구멍 얘기다. 등장하는 명사, 즉 이름만으로도 해학에 해학 아닌가.
　봄비 부슬부슬 내리는 날에 우산 펼쳐 들고, 성곽 주변을 더듬는 여성을 떠올려보라. 그녀는 몇 년을 별러 도깨비 콧구멍을 확인하러 가는 거란다. 한 번 보고 온 것을 다시 보러 나선 길이라니 그 열성도 어지간하다.
　전에도 비가 와서 우의를 입고 다녔었다. 인솔하신 시인 선생으로부터 포루에 관해 설명을 들었는데 빗소리에 그만 놓쳐 속이 답답했다나. 하나 당시에 재차 묻질 못하고 시일을 끌다가 전화로 조심스레 여쭌 일이 있다.

"그때 그… 거기, 화성답사 때요." 해놓고는 다음 말을 머뭇거렸다. 도깨비 콧구멍이란 말이 또 기어들어갔다.

"네? 도깨비 콧구멍? 하하하."

"그곳을 무어라 하나요? 망보는 데를…."

두 사람 관계가 아무리 평균 인생길의 5분의 1쯤을 함께 걸은 사제간이라 하지만, 말하기 민망하여 주저주저 물었는데 또 우물우물 들린다. 설사 또박또박 불러줬더라도 그 짓궂은 웃음소리에 지배당해 절반만 들렸을 것이다.

그러고 나서 몇 년이다. 이번엔 즉흥적으로 길을 나섰다. 직접 도깨비 콧구멍을 찾아가는 길이다. 쾌청하던 날씨가 지난번처럼 꾸물거리더니 빗발이다. 여성의 마음이 다소 급해진다. 장안문에서 서장대 방향으로 거스르면서 성곽을 끼고 걷는다. 단청이 울긋불긋한 포루에 구멍이 나 있으면 죄다 그것으로 보인다. 이것도 그것 같고 저것도 그것 같다. 한 눈에 알아차릴 것 같았는데 그렇게 선연하던 것이 사람을 헷갈리게 한다.

그러기를 얼마 후, 여성도 시인 선생의 놀림처럼 파안대소한다. '북포루北鋪樓'와 '북서포루北西砲樓'—온통 도깨비 얼굴이다. 동글동글한 콧구멍들이 반갑게 맞는다. 적군이 성벽에 접근하는 것을 막기 위해 치성 위에 잇대어 지은 목조건물 포루는 군사들의 휴식처이며 망을 보던 곳이라 하는데, 그것도 비상시 화포

도깨비 콧구멍 147

를 쏠 수 있도록 만든 시설물 아닌가. 이 기발한 물상들은 곧 병사들의 눈이 되는 곳이며, 화포火砲부리를 고정하는 자리이다. 그 동그란 공간을 문학하는 사람들이 '도깨비 콧구멍'이라 부른다.

포루의 창 격인 그 생김생김을 밖에서 살펴보면 영락없는 도깨비 얼굴이다. 안으로 굽은 두 개의 뿔에 위로 송송 솟은 눈썹, 약간 치뜬 눈에다 가운데로 뻥 뚫린 코, 그리고 목젖까지 훤히 들여다뵈는 헤벌어진 입매가 그럴듯하다. 적과 대립하기 위한 성을 쌓으면서 어쩌면 이리도 해학을 끌어들일 수 있었을까. 적병이 악착같이 달려들다가도 도깨비 얼굴과 마주치는 순간, 짐짓 주춤거리며 웃음을 터트리지나 않았을는지. 물론 급박한 상황 속에서 그게 가당키나 할 일이랴마는, 여성은 처음 이곳에 대한 설명을 들을 때 이미 그 광경을 떠올렸었다. 싸움터에서 웃는다는 것은 바로 패배와 연관지어지지 않는가. 상대가 긴장이 풀린 상태라면 아군은 그 기회를 놓칠 리가 없는 일. 이 화성을 기획한 다산 정약용 선생은 진즉 이런 점들을 염두에 두고 축조하였을 것만 같다.

도깨비는 우리 사람과 떼어 생각할 수 없는 거리에 있다. 하여 민담이나 동화 속에도 자주 등장한다. 그 성격이 인간과 매우 비슷하여 먹고 노래하며 춤추는 것을 즐긴다나. 예쁜 여자를 보면 좋아하기도 하고, 심약한 사람에게는 은근슬쩍 심술도 부린다고. 착한 사람에게는 부(富)를 주고 그렇지 못한 사람에게는 괴로움을 준다는데, 정작 여성도깨비가 있었다는 말은 아직껏 들어보지 못했다.

이렇게 도깨비들의 역할이 분분하지만, 실은 그다지 실속도 차리지 못하는 헛똑똑이라 여겨진다. 하여 야무진 사람을 두고는 절대로 도깨비란 별칭조차 쓰지 않는다. 여성의 유년시절, 그녀 아버지는 툭하면 도깨비란 놈과 씨름을 하고 왔다고 했다.

"아 내가, 저기 산모퉁쟁이를 돌아오는데 말이지. 그놈들이 떼거리로 나타나서 시비를 걸지 않겠어? '어이, 김 서방! 씨름 한판 하고 가세!' 하면서 말이지. 그래서 내가 외야(왼)편으로 냅다 다리를 후리어 자빠뜨리고 왔지. 낼 아침에 가보면 그놈들 수두룩이 나동그라져 있을 거구먼. 도깨비란 놈은 반드시 왼편으로 다리를 걸어야 맥을 못 추거든. 암 그렇지. 너희들도 그건 꼭 알아둬야 혀. 응?"

그럴 때마다 여성은 정말로 앞산모퉁이에 도깨비의 시신 떼가 득실거리는 줄 알았다. 큰살림을 짊어진 어머니만이 "으이구, 김타깨비!"를 읊어댈 뿐. 타깨비는 바로, 술기운에 젖어 도깨비와 놀고 다니는 그녀 아버지의 별호였던 것. 그 말은 곧 도깨비란 뜻인 줄을 알면서도 그 양반은 마음씨 좋게 빙긋이 웃기만

했다.

그런데 세상일은 알 수 없다고, 어느결에 인생 중반을 보내고 있는 이 여성이 반쯤 도깨비가 되어간다. 술은 할 줄 모르나 즉흥적 행동이 점점 늘고, 잇속 따져 움직일 줄을 모르니 아예 도깨비가 되어가는 증세로 보인다. 머잖아 세간엔 '경기도 수원 일대에 여성도깨비가 등장했다.'고 수런거릴지도 모르겠다. 누군가 그녀의 상을 떠올리며 지레 배를 쥐고 나자빠질지도 하여 묘한 기氣 싸움에서의 패배를 자인하게 될지도

도깨비 이야기는 이처럼 적과 대립해야 할 상황에서까지 반전의 묘미로 해학을 낳는다. 그러면서, 성곽에 아로새겨진 옛사람들의 정신을 곰곰 생각하게 한다.

― 《문학저널》 2008. 3,4월호

그 길을 걷고 싶다

"산에 꽃이 얼마 없네!"

파주의 적성마을 한 동산을 더듬어 진달래 아름 꺾어 들고 내려와 멋쩍어하던 순박한 병사가 있었다. 인천 송도 해변의 갯바위에서 비릿한 바닷바람을 등에 지고 프러포즈를 해온 건강한 청년이 있었다. 음력 섣달 열하루, 내 언니와 생일이 똑같은 남자가 있었다. 이 모두가 한 사람, 내가 순정純情을 다한 인물이었다.

그와 나는 자주 길을 걸었다. 버드나무 가지 축축 늘어진 홍제천 변을 물길 따라 걷다가 거스르며 걷다가 이편과 저편을 건너다녔다. 그는 내 어깨에 손을 얹고 다독이며 말하는 습성이 있고, 나는 드문드문 고개를 끄덕이며 응수했다. 그러다가 눈이 맞고 만면에 미소가 번질 때면 나는 곧잘 그에게 코를 잡혔다.

그때 우리는 서로가 어여뻐하는 연인들이었다.

홍제천 변은 혼자서도 수없이 걷던 길이다. 각박한 현실을 벗어나 꿈에 잠겨보는 평화롭기 그지없는 사유의 공간이었다. 뱁새의 신분을 벗고 황새가 되기를 간구하던 한 여공의 영혼이 깃든 곳이다.

일찍이 어머니는, 가난한 살림 속의 어린 딸 기氣를 꺾느라 틈만 나면 노래하셨다.

"뱁새가 황새걸음 따라가려 하면 가랑이 찢어진다!"

그때마다 나는 속으로 외치고 또 외쳤다.

'어머니! 저는 죽어도, 죽어도 뱁새가 아니라구욧!'

그건 드러내어 토하는 울부짖음보다 수백, 수천 곱절로 가슴을 저미어대는 소리였다. 이러한 속마음을 그는 다 읽어내고 있었다. 그에게서 용해되어 전이되는 눈빛에서 애잔하게 물결치는 파동을 나도 알아차렸다. 아무리 부인하려 해도 발을 묻고 있는 틀을 깨고 날아오를 수는 없었다. 그렇다고 주어진 대로 운명을 수용하는 것도 성격과 맞지 않았다.

당시 나는 의류업계에서 샘플 만드는 일을 했다. 내 손으로 지은 옷이 제일 먼저 백화점 매장에 내걸렸다. 철에 맞춰 바뀌는 디자인 따라서 내 머릿속도 늘 분주했는데 이왕이면 그 분야에서 최고의 디자이너가 되고 싶었다. 나를 위한 도전에 불살

라보고 싶었다. 학업도 이어가야 하지만, 속한 분야에서도 어정쩡한 존재로 머무는 것은 자존심이 허용치 않았다. 그런 불기운이 돌면 부모 형제 앞에 내색 못 하는 심정을 그이 앞에서 토로하곤 했다. 그럴 때면 그는 내 손을 꼭 잡고 이 작은 손으로 그처럼 하고 싶은 일이 많은가 하며 안타까워했다. 기껏 피 끓는 두 사람이 할 수 있었던 일이란 그렇게 서로의 심경을 헤아리는 일이 최상이었다. 내면에서는 애 삭이는 소리들이 켜를 이루었지만, 더 이상의 방도가 없었다.

점차 흐르는 시간 속에서 철이 든 나는 종종대는 뱁새의 걸음이 확인되었다. 황새 격으로 퍼덕이는 사람이 저만치에서 고고한데 아무리 걸어도 제자리걸음인 나는 선뜻 다가서기가 두려워졌다. 동반자로서의 꿈이 커갈수록 번뇌의 덩치가 비대해져 갔다.

결국 나는, 그와의 사랑을 접느라 안간힘을 다했다. 죽음의 고통이 그것과 흡사하다면 죽을 만큼이었다고 해두자. 하지만 동생들의 미래를 걸머진 내게 있어 그런 엄살이나 푸념 따위는 호사 중의 호사였다. 한 사흘만이라도 훌훌 털고 뛰쳐나가 정처 없이 떠돌고 싶어도 그만한 시간적 여유가 주어지지 않았다. 그 무렵의 산업현장은 그정도로 영세했고, 근로여건 역시 편안하질 못했다. 게다가 내 용기가 고작 고만했다.

그 후, 홍제천 변은 한 번도 가보지 못하는 길이 되었다. 도저히 혼자 걸을 자신이 서질 않는다. 진달래 안고 미소 짓던 청년 앞에 수줍은 마음 숨기던 소녀가 되살아나는 것이 두렵고, 변화한 도시 속에서 옛길이나 떠올리는 마음자리가 열적은 연유이다. 그래서인지 어쩌다 우연히 그 주변에 가 닿을 때면 나도 모르게 가슴이 철렁한다. 그러면서도 풋풋하고도 절절했던 꿈 어린 옛길이 그리움이 된다.

길은 사람들에게 갖가지 자국을 남긴다. 그 길이 소로小路일지라도 한 개인에게 어떠한 무늬로 아로새겨졌는가에 따라 무변無變 광대할 수 있고, 아무리 광활한 길이라 해도 얼룩이 심하여 오솔길만도 못할 때가 있다. 그러므로 큰 깨우침을 얻은 성인聖人들도 고심하여 길을 가려 다녔다는데….

언제가 될지 모르지만, 행여 그가 찾아와 넌지시 손 내미는 날 있으면 못 이기는 척 따라나설 수 있을까. 그 손에 이끌려 젊은 날의 하천 길을 걸어볼 수도 있으려나.

— 《창작수필》 2014. 겨울호

배웅

 시원섭섭한 일이 생겼다. 산마을에 집을 지을 거라고 사 두었던 땅이 팔렸다. 거의 같은 시간대에 부동산 두 군데에서 흥정이 붙어, 꿈꾸던 3년여의 세월이 허탈하게 잘려나갔다.

 친정어머니는 오래전부터 수족 못 쓸 일이 생길 때를 우려하셨다. 노인들 누구나의 바람이겠지만, 정신 흐려지는 일 없고 손발 마음대로 부릴 수 있기를 간구했다. 하여 성미 급한 내가 나섰다. 시어머님 대소변 수발도 다 들었는데 내 엄마를 위해 그것 못하겠냐고. 그러자 어머니의 안색이 환해졌다.
 "그럼 엄마가 정신없어져도 요양원 안 보낼 거야?"
 "그러믄요."
 "걷지 못하게 되도?"

"암요."

대꾸는 씩씩하게 했지만, 그럴만한 여건이 쉽게 마련되지는 않았다. 그래도 나름으로 머리를 굴리며 일을 서둘렀다. 살고 있는 아파트는 성장한 아이들에게 내어주고 산 좋고 물 좋은 곳에 터를 잡고 싶었다. 어머니와의 정신적 공유共有는 물론이고, 자연 초목을 느낄 수 있을 때 최대한 그것들 가까이에서 하나 되어 어우러지고 싶었다. 그런 마음의 끈을 잡고 충청도 공주 땅 일대를 수없이 돌아다녔다. 표면상으로는 친정어머니와 소꿉장난하듯 살아볼 미래의 터에 비중을 두었지만, 내재한 방랑벽이 한껏 흐름을 탄 사태였다.

집터를 구하는 일은 배필을 구하는 일보다도 어려웠다. 그러다가 '이 정도면 중국의 도연명도 부럽지 않을 곳이로구나.' 싶어 계약하고 아뢰면, 어머니가 이내 쫓아와 '어디 보자.' 하며 파투를 내셨다. 이유인즉 딸이 고르는 터가 마을에서 한참 외진 곳이고 보니, 당신 의탁할 마음보다 딸의 건강을 염려하여 큰길과 가까워야 한다고 했다. 사람은 사람 속에 살아야 하는 거라며 계약 파기하기를 몇 차례.

마침내 나는 무엇엔가 홀리듯 구릉 지대의 등성이 4백여 평을 점유하고 한 발도 물러서지 않았다. 허름한 구옥 몇 채와 전원주택 대여섯 채가 어우러진 전형적인 시골 마을이었는데, 그

지형이 어릴 적에 뛰놀던 뜰과 흡사했다. 경사진 지리적 여건을 그대로 활용하여 가느다란 산 도랑을 내고 둔덕 아래 텃밭을 만들며, 아랫마당 윗마당을 구분하면 어려울 것이 없을 성싶었다. 이번엔 아예 비밀리에 일을 추진하여 문서정리까지 끝내버렸다. 그리고는 철 따라 지인들을 번갈아 데리고 가서 보물인 양 살며시 보여주곤 하였다. 어머니는 "땅은 못생겼어도 자리는 동네 속이라 낫구나." 하셨다.

그때부터 그곳은 내 상상의 보고가 되었다. 무에서 유를 생성해내는 일이 그러한 것일까. 머릿속은 잠자리에 들어서까지 땅 꾸밀 생각으로 가득했다. 집은 자그마하게 지어도 정원은 아름답게 소유하고 싶었다. 그래서 묘목들을 이미 다른 땅에 심어 가꾸기 시작했다. 진입로 양쪽으로 도열하듯 서 있을 메타세콰이어 길은 밑그림만으로도 흐뭇하였다. 과실수들은 벌써 열매를 매달기 시작했다.

하지만 어쩌랴. 드물게 구체적 계획을 세워본 그 소박한 꿈이 제대로 이루어지지 않았다. 급기야 내 집에 우환이 잇따라, 외려 어머니를 걱정의 도가니로 밀어 넣은 꼴이 되었다. 어머니의 음성에 또 날이 섰다.

"그 못생긴 땅 팔고, 비어 있는 공주 집 고쳐 들어와라!"

나는 못생긴 땅이란 말이 무척이나 싫었다. 꼭 남편 못생겼다는 말처럼 들렸다. 그런데 나중에는 귀도 자기식대로 들을 줄을 아는지 그것이 애칭으로 들리지 뭔가. 우환 앞에 손을 든 나는 선선히 맘을 정하기에 이르렀다. 그 집이 남동생 명의이니 공정한 값을 치르면 남편에게도 처가살이는 아닐 터, 팔 마음이 없는 동생을 설득해 문서정리를 하기로 했다.

금강 변에서 5분 거리에 있는 한옥은 친정식구들이 고향을 떠나 처음으로 등 붙인 공간이다. 이곳에서 많은 동생들이 성장했고, 오빠도 사랑채에 들어 아기 둘을 낳았다. 그러는 동안 부모님은 늙어갔고, 아버지는 12년 전에 세상 저편에 드셨다. 그러자 오빠네는 어머니를 모시고 소도시로 나가 대궐 같은 이층집에 살고 있다.

뜻밖에도 못생긴 땅에 대한 잔금이 문서도 건너가기 전에 들어왔다. 서운함을 넘어서는 파동이 인다. 발목 잡던 한 가지 일이 해결된 느낌이다. 요즘 부쩍 시골 한옥으로 돌아가길 원하시는 어머니가 의아해 왜 그렇게 서두르는가 여쭈니, 속사포 같은 일갈로 내 뇌리를 때렸다.

"단 하루만이라도 그 집에서 살아보고 죽을라고 그런다!"

얼마나 벼르고 벼른 대답인가. 사정에 의해 꾸물대고, 내 어머니는 날마다 안녕하실 거라며 내심 늦잡고 있던 나는 정신이 번쩍 났다. 그것이 2주 전의 일로, 나로 하여금 별의별 수를 써서라도 집수리를 해야겠다는 결심을 하게 했다. 아무래도 아버지와 복닥대며 자식들 키우던 숨결 어린 곳에서 추억을 갈무리하고 싶으신 게지. 자식들 형편 따라 함께 사느라고 인생길이 이만쯤 이운 때에야 지금보다 젊었던 날의 자국들을 돌아보고 싶으신 게지. 무엇보다도 부부간에 정이 좋았던 분이니 자식이라 해도 미처 헤아리지 못하는 부분이 뭉텅뭉텅 고여 있을 터, 그 기회를 드려야 한다는 생각이 불같이 들었다. 무려 47명에 이르는 가족의 생일이나 열이 넘는 자식들 태몽을 꿰고 계신 어른이니 치매 걱정은 하지 않아도 될 일이고, 거동에 지장 없으시니 내 기우를 조금 누그리기로 했다. 조심스럽지만 다른 독거노인들처럼 혼자서도 숙식을 해결할 만하다고 믿어보고 싶었다.

그러던 차, 그날은 일정이 빼곡했다. 네 번째로 한 일이 어머니 찾아뵙는 일이었다. 동생 집값이야 입금하면 그만이지만, 그 못생긴 땅이 팔린 사실을 시시콜콜 알리고 싶었다. 앓던 이 빠진 격으로 기뻐하실 어머니 표정을 놓치고 싶지 않았다. 큰아들 곁에 붙박인 듯이 살다가 넉 달 전에야 큰딸네로 와서 증손자를 어르고 계신 어머니께 반가워할 소식을 직접 전할 참이었.

이 차 저 차로 시간을 따져보니 그날 아니면 날이 없을 듯하였다. 날이 없다는 말에 어폐가 있겠으나, 오후 새참 때가 되어 길을 서둘렀다. 정류장에서 한 시간을 기다려서야 일산 가는 버스를 탔다. 막냇동생이 어머니 뵈러 온다는 날이 이틀 뒤라는데, 재산 가치야 얼마 되지 않더라도 그것이 명색이 유산이니만큼 어머니 손을 통해 전달되길 바라는 심정이었다.

천만 원짜리 수표 두 장을 어머니 손에 쥐어드렸다. 천만 원짜리는 붉은색이고 백만 원짜리는 푸른색이라 하자, 어머니도 천만 원짜리는 처음 본다 하셨다. 자식의 학자금 말고는 언제 큰돈 만져볼 기회가 있었으랴.

"나머지는 차차 해결할게요."

어머니 표정이 진지했다. 아버지와 살아오신 숱한 고개를 헤아리지 싶었다.

"아이구, 잘됐다. 십 년 체증이 다 내려간 것 같구나."

"그래도 서운해요."

"섭섭해 할 것 하나 없다. 그 못생긴 땅이 뭐가 좋다고."

시골집 토방에 장항아리 세 개가 먼저 가서 우리를 기다린다고 하자 어머니 눈이 더욱 빛났다. 근래 와서 접하게 되는 매우 순한 모습으로 아이같이 천진스러웠다.

"그러냐? 거기, 우리집서 한 사람밖에 안 죽었다!"

"…?"

"아부지. 그 집 지은 사람은 콩밭 매다 콩밭 고랑에서 죽었대."

가슴이 철렁했다. 살려고 가는 것인데 왜 자꾸 죽음 관련된 이야기를 들먹이는 것일까.

"아버지는 뭐… 집이란 원래 사람 살다가 떠나가고, 혹은 죽고, 또 이어서 살아가고 그러는 거잖아요."

우리들의 대화는 쓸쓸함을 동반한 채 이어지다 끊어지다 하였다. 특히 어머니는 여느 때와 달리 잠깐잠깐 침묵을 새김질하는 것 같았다. 그러다가 눈웃음을 지으며 미소를 띠었다. 누군가를 가볍게 흉볼 때 하는 특유의 몸짓이다. 나도 같이 피식피식하며 눈을 맞췄다. 그러기를 채 1분도 안 되어 둘은 남 흠잡은 마음이 부끄러워 호호하하하였다. 그로부터 보름 후면 어머니와도 잘 아는 건축업자에게 집수리를 의뢰하기로 했다.

이날 어머니와 함께 보내는 시간은 막차 시간 전까지 서너 시간이었다. 그래서 말도 더 빨리하고, 마음속의 못한 이야기가 있는지 살피느라 분주했다. 어머니는 연신 죽음과 관계된 심중을 열어 보이고, 나는 어머니 음성과 눈길 사이로 몰려오는 고독을 읽었다. 의연한 듯 대했지만 앞서가는 내 의식이 문제이기도 했다.

"저는 식구들 때문에 바로 못 가는데, 그 집에서 혼자 사시다가 앞집 아무개 할머니처럼 골방에 코 박는 일 생기면 어떡해요? 오빠가 날마다 들여다보며 문안을 드렸어도 정작 그 양반

임종시각은 모르잖아요."

"사람은 언제 가도 한번은 가는 것이니…. 났으니 죽는 것이지. 그 길을 누가 막아."

"그렇긴 하지만… 하긴 여든 된 우리 선배분의 친구도 엉뚱한 곳에서 그리되었대요. 그 길을 누가 알겠어요."

어느새 돌아와야 할 시각이다. 자고 낼 아침에 가라는 분께 어머니의 사위 무서워 안 된다며 벌떡 일어섰다. 다른 때 같으면 식구들 걱정한다며 먼저 등 떠밀었을 어머니가 아기처럼 나를 붙드는데, 나는 어쩌면 그리도 매정하게 잘라 말했을까. 시나브로 엄습하는 이생의 마지막 순간에 대한 두려움을 애써 초월하려 하는 팔순의 어머니께, 이 못난 딸은 객관적 언사로 남의 말이나 하듯 대했다.

터미널까지는 자동차로 5분 거리였다. 어머니는 그 길을 차 타는 연습한다며 먼저 채비하고 나섰다. 일순 가슴이 뭉클했다. 첫아기 데리고 친정 다녀올 때 고갯마루에서 흔들던 손길이 있지 않던가. 그 배웅에 울컥한 나는 수원 도착할 때까지 목을 씰룩거리며 왔다.

그리고 30년, 다시 온화한 미소 속의 손이 있다.

"잘했다. 참 잘됐구나. 이젠 죽어도 여한이 없겠다. 잘 가거라. 잘 가라, 응?!"

말끝을 다감하게 올려 어린아이에게 이르듯 되풀이하는 어머니는, 나를 내려놓은 차가 움직이기 시작했는데도 연신 창가에 눈을 대고 손짓하셨다. 정이 담뿍 밴 다독임으로 옆자리에 앉아 꼭꼭 잡아주신 도톰한 손길…. 가슴이 더워 왔다. 한 가지만이라도 어머니 걱정을 면하게 해드려 다행이란 생각으로 충만했다.

그러나 그날 그 시간들이 우리 모녀에겐 마지막이었다. 어머니는 이틀 뒤, 막내아들 품에서 영영 돌아오지 못할 길을 떠나셨다. 자식들 앞에 앓는 시늉조차 않고, 시침 뚝 떼고 웃으시다가 거짓말같이 그렇게…. 내 손등엔 그날의 어머니 손길이 포개어져 다독다독하시는데, 그 외롭고 두려운 길 위무해드리지 못한 죄 가슴을 저미게 한다. 못생긴 땅이 잘려나가던 날 그 허한 자리 시려할 것 없다 하시더니, 이토록 큰 이별을 예측하고 계셨던 것일까. 이다음 같이 살자던 약속이 무색하게 따스한 밥 한 상 지어 올리기는커녕 수건 한 장 빨아서 그 얼굴 닦아드리지도 못했는데….

간밤엔, 총총걸음으로 오신 어머니를 배웅해드릴 자신이 없어 두 눈 내리깔고 뵌 듯 만 듯하였다. 다시 목구멍 안에서 뜨거운 파도가 솟는다.

― 《에세이스트》 2014. 11,12월호. '장편수필'

철원, 그 멍울의 땅

　모 잡지에 글을 달라기에 보냈더니 얼마 후 철원 쌀 한 포대가 푸짐하게 왔다. 글을 써서 밥거리를 해결하고 보니 포만감이 일며 만감이 교차한다.

　영하 10도의 한파가 몰아치는 날 새벽, 일행을 태운 버스는 철원을 향해 출발했다. 북쪽이기도 하지만 전방이란 말로 더 익숙해진 곳이다. 그날은 내가 처한 지역의 유지들과 제2땅굴을 찾아가는 길이었다. 그래서인지 마음자리부터 적잖이 긴장되었다.
　열한 시가 조금 넘어 '임꺽정'이란 간판이 붙은 식당에서 식사를 하고 나왔다. 일행에게서 잠시 떨어져 임꺽정의 무대 고석정孤石亭 방향으로 발길을 돌려본다. 기암절벽 아래로 굽이진 협곡이 허연 얼음판이다.

철원, 이 땅이 어디인가. 해방 직후부터 6·25전까지, 시민들 핍박의 산실 '노동당사'가 버젓한 곳이다. 상흔으로 얼룩진 건물 노동당사를 찬찬히 돌아본다. 그러자니 뼈대 엉성한 건물에 그 붉은 깃발이 보이는 듯 가슴이 시려 온다. 이념의 차가 빚어낸 핏빛 메아리가 가슴을 마구 두들겨댄다. 모퉁이를 돌아설 때마다 섬뜩섬뜩하다.

자리를 옮겨 백마고지 위령탑 쪽에서 '백마고지'를 건너다본다. 나지막한 구릉 지대에 쓸쓸한 바람만이 남과 북을 넘나든다. 열흘에 거쳐 고지의 주인이 스물 네 번이나 바뀌었고 작렬하는 폭탄으로 산의 높이가 1m정도나 낮아졌다고 하니, 그 밀고 밀리는 장면 장면이 가히 짐작이 가고도 남는다. 민둥하니 황폐해진 능선이 마치 흰 말이 누워있는 것 같다 하여 '백마고지'란 이름을 얻었다는데, 위령비 아래서 비문에 새겨진 병사들의 이름을 헤아려본다. 이루 다 셀 수도 없는 생떼들이다. 나는 마음속으로 주저 없는 기도문을 만들어낸다.

'애처롭게 숨져간 고혼들이여! 그 거룩한 희생 발판 삼아 지금의 우리들이 이리도 어엿하게 살아가고 있습니다. 억울한 그 원혼을 무슨 말로 달래드리겠나이까. 이 땅을 위해 싸우다가 엉겁결에 생을 마치신 그 얼 귀하고 높이 여겨 가슴에 새기며 살아가겠습니다. 부디 편안히 잠드소서.'

생각에 잠겼다가 보니 비문도 푸른빛으로 착시현상을 일으킨다. 거기서 유난히 그 푸른 비문을 쓰다듬는 노인에게로 시선이 가 멎는다. 내 눈치를 알아차린 노인이 잠시 침묵한다. 그러더니 "일병 ○○○!" 하며 힘줄 선 손등에 눈물을 뚝 떨군다. 말하지 않아도 다 알만한 진실, 전쟁 당시 동생이 이곳에서 전사했다는 것이다.

나는 다시 온 마음을 다해 애달픈 영령들을 위한 묵념을 올린다. 남과 북이 갈린 지 근 반세기, 한숨으로 켜를 이룬 시절을 들춘들 무엇하리. 지독한 가난으로 허덕이던 때, 내 남동생 중에도 이 땅에 와서 나라 지키는 임무를 수행한 젊은이가 있었던 것을…. 여덟 명의 남자 형제들은 다투듯 현역으로 나와 씩씩하게 전선의 밤을 보냈다.

가난의 가시밭길을 헤매던 70~80년대. 그 무렵엔 형제 중 장정 한 사람만 군 면제를 받아도 식솔들의 밥이 해결될 때였다. 그렇다고 누구 하나 묘수를 꾀해보지 않은 것은 물론이고, 신체검사에 무사 통과하면 아버지가 가장 기뻐하셨다. 아들들이 나라를 지키러 떠나간 자리는 딸들이 자리매김하여 경제를 도왔다. 어떻게든 가난퇴치를 하고 집안을 일으켜 세우고자 했던 열망이 들끓던 시절이다.

아버지는 자식들 튼튼히 키워 나라 지킴이로 내보내는 점을 보람 중의 보람으로 여겼다. 그 이면에는 나라 힘이 약해 일본으로 끌려가 돌아오지 못하는 큰형님에 대한 향수가 지배적일 수 있었다는 생각이 요즘 와서야 든다.

우리들의 부모님 세대는 왜정 이야기를 알고들 있다. 아니, 절실히 겪었다. 시대적 암울과 혼돈 속에서 온전할 수 있었던 사람이 몇이나 되랴. 아버지에겐 형님 두 분이 계셨는데 맏형님이 징용이란 것을 가서 영영 돌아오지 못하였다. 한 마을의 약방집 할머니는 일본에 끌려갈 것을 예방하여 열네 살에 시집을 오셨다. 그리고 대부분이 한국전쟁을 겪었다. 그래서 누구도 무작위로 덮쳐오는 그 공포로부터 자유롭지 못하다.

내가 자라던 때만 해도 어른들의 이야기 중심에는 전쟁 이야기가 주를 이루었다. 외가 어르신들의 고향이 이북이다 보니 이따금 황해도, 평안도 말씨를 쓰는 친인척들이 드나들어 '인공난리' 운운했다. 그분들이 피난시절 체험한 극적인 사실들은 그 어떤 이야기보다 실체가 있었다. 그래서 산골 마을에서 성장한 나는 자연적 스스로 할 수 있는 몫을 찾아냈는지도 모른다. 남자들은 군대에 가고 여자인 나는 나라의 안위를 기도하는 것 말이다.

이쪽과 저쪽—사상이 서로 다른 것이 원죄이지만, 그래서 문학가나 학자들도 그 사상을 좇아 움직였지만, 전쟁은 생각만으로도 무시무시한 것이어서 단연 내 기도의 우선순위가 되었다. 그래서 여물지 않은 나이에도 불구하고 군에 간 사람들의 무사귀가를 염원하고 또 염원했다. 기껏해야 마음속의 바람을 흩어지지 않게 모아보는 것이지만 은연중에 그렇게 내 정신의 일부분이 영글어져 갔다. 다시는 사람들의 희생이 따르지 않고, 산 사람들의 가슴에 지워지지 않는 멍울이 생기지 않기를 바라는 심정에서 미미한 기운이라도 보태는 것이다.

쓸쓸히 위령탑을 돌아 내려오는데 갈대숲에서 재두루미 떼가 푸드덕 날아오른다. 그 배웅을 받자니 이름 석 자로 의연히 남아 옛일을 증명하는 청춘들의 웅얼거림이 가슴을 파고든다. 그 앳된 이름들을 어루만지던 노인의 눈물이 한탄강으로 흘러든다.

— 《펜문학》 2015. 1,2월호

4.
정점 頂點

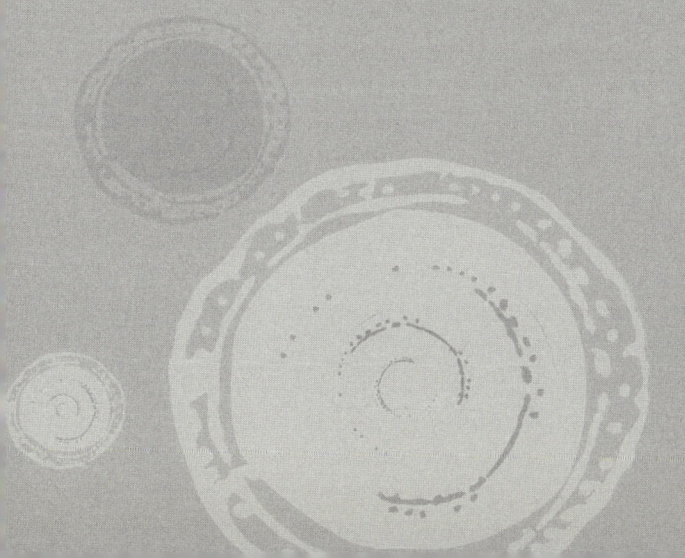

골목은 살아있다
멋진 날
빛나는 날들
돌이 말을 한다
고수高手를 향한 노래
아버지, 망치를 들다
끗발 날렸다
정점頂點

골목은 살아있다
—안양~수원 간 1번 국도변

저녁때가 되면 우리 동네 큰길가 골목이 왁자하다. 정확히 여섯시 무렵이면 건강미 흐르는 여성들이 우르르 쏟아져 나온다. 안양서 수원 가는 길, 그 1번 국도변에 성실한 삶을 이뤄가는 이들이 경이로움을 넘어서서 빛을 발한다. 어느 때는 씩씩하게 그 대열에 끼어들어 왕왕 일하고 싶다.

내가 이 길을 알게 된 것은 한 남자와의 인연에서 비롯되었다.

1. 군포역 첫 발길

그날, 서울역에서 전철을 타고 군포역에 도착했다. 그리고 소도시의 한적한 골목길을 걸어 허름한 자취방을 들여다보고 돌아왔다. 초등학교 동창생과 그의 형이 머무르는 보금자리였다. 그곳에 가면 더벅머리 친구가 반색할 줄 알았는데 자물쇠 하나 채워지지 않은 문간방 벽에는 옷가지 몇 점만이 줄줄이 걸려 있었다. 퀴퀴한 냄새가 코끝에 스밀 때야 내가 지금 무슨 짓을 하는지 확인이 되었다. 명색이 서울 물을 먹은 지 어언 8년. 그런데도 세련되지 못하고 촌스럽게 군 스스로에게 자책이 일었다. 인솔자 역할을 한 내 비서격의 그들 사촌 여동생이 머쓱해 하기에 나는 아무렇지도 않은 척 앞서 걸으며 들풀 구경이나 하였다. 이게 다 전화 통화가 수월치 않던 시절의 이야기로 일반인들의 생활상이다.

 내가 찾는 이상형의 남자가 제 주변에 있다며 소개하겠다고 말한 지 넉 달, 때는 봄철이라 사방천지에서 선 자리가 밀려드는데 정작 궁금히 여기는 사람 소식은 감감이었다. 보다 못한 후배가 "언니! 우리 군포에 가서 오빠 만나고 올까?" 한데서 서슴없이 따라나서게 되었다. 맞선을 볼 양이면 중매쟁이 반 믿는다는 말대로, 나는 어느새 남자동창생의 말에 솔깃해져 있었던가 보다.

 사람의 발길은 언제 어느 쪽을 향하느냐에 따라 인생길이 좌우된다. 향한다는 말은 곧 사람을 찾는다는 말일 수도 있다. 그 길에서 누구를 만나는가가 곧 운수이겠으나 그러한 점을 미리 알아 행하기란 쉬운 일은 아니다. 그 봄날 그렇게 찾아가서 독촉한 꼴이 된 미지의 총각은 나와 30년 지기 부부가 되어 굽이

도는 인생 고개를 여러 번 넘고 있다.

2. 포도원 길

이야기를 되돌려, 그를 만나 데이트란 걸 하면서 암암리에 뒷조사에 들어갔다. 친척을 내세워 본적지 면사무소로 가서 호적을 들춰보았고, 직장도 주소를 알아둬 거짓이 없음을 확인했다. 그리고는 내가 직접 한 남자를 찾아 시커먼 기름 번들거리는 콘크리트 바닥을 또각또각 걸어 들어갔다. 그곳이 바로 '포도원'이라 알려진 마을로 제지회사 '유한킴벌리' 옆 언덕길이다. 예전엔 포도 생산지로 유명했다 하는데, 그즈음엔 크고 작은 공장들이 들어서고 있었다.

그가 근무하는 회사도 그 경사길 가에 있었다. 입구에 '1급 자동차 정비공장'이란 아치형 간판이 크게 걸려 정비기술의 대가임을 과시하는데, 그 안으로 한참을 걸어 들어가자 주소에 명시된 자그마한 공업사가 나타났다. 협소한 사무실에서 대표되는 분이 반기며 사내방송을 하자, 이어 새까만 작업복에 얼굴도 얼룩진 남자가 걸어오며 멋쩍어했다. 상황은 이미 종료되어, 한 번 기울어진 마음은 회수의 방법이 없었다. 이왕 이리된 바에야 저 왜소하고 얌전한 남자에게 조금 전에 보아둔 머리 위의 드높은 간판을 달아주고 싶어졌다.

우리는 이내 유한킴벌리 앞길을 되짚어 나와 손바닥만 한 다방으로 들어섰다. 거기서 수원에 장만할 신혼집에 대해 논하고, 쌍가락지를 약속하고, 나보다 한 살이나 위의 시동생까지 데리고 살기로 마음을 합쳤다. 고향 뒷산을 누비며 호연지기가 몸에 밴 나로서는 새로운 공간에서 새로운 풍습에 길들어야 한다는 점이 두렵기 그지없었다. 하지만 위용 있게 다가오던 1급 정비공장을 꿈꾸며 웬만한 일은 감내하기로 했다. 마음 둔 곳을 향해 열심히 노력하면 이루지 못할 일이 무엇이랴 싶었다.

그는 애초 대기업에 근무하던 사람으로 반복되는 일상이 싫어 창의적인 일에 뛰어들었다고 했다. 인문계 고등학교를 나온 터라 학원에 다녀 기능사 자격증을 따고 시작했다고는 하나, 공고를 졸업한 내 친구가 기술실력을 발휘할 때 그 아래서 서른 다 된 나이로 연장통부터 들어 날랐다는 형편을 눈치로 알 수 있었다. 즉 기술직 사람들이 흔히 하는 말로 나이 든 '꼬마'였던 것. 하지만 나는 믿었다. 그의 성실함을 신뢰했고 둔하지 않은 두뇌를 추어주었다. 그래 봬도 결혼 1주년이 되던 날에는, 교통비를 줄여 색시에게 머리핀을 사주려 했던 사람이다. 퇴근 시, 시외버스 요금이 붙는 구간(서너 정거장)을 걸어서 고천 '고려합섬' 앞까지 와 버스를 타곤 했다는데 정작 당일에는 쑥스러움이 넘쳐 아무것도 사오지 못했다.

3. 모락산 아래에 살며

　한데 사람 살아가는 길에도 인연이 따르는 것인가. 어느 날 불현듯, 우리 부부가 꿈을 안고 오가던 큰길가 길목에 돌아와 둥지 틀고 있는 모습이 보였다. 수원에서 서울로, 화성시로, 산본으로, 다시 이곳 성 라자로마을 입구로…. 버스를 타고 무심코 지나다가도 옛 정비공장으로 난 경사진 길을 보면 왠지 모를 아릿함이 밀려든다.

　이곳에 자리 잡기 시작할 때는 원주민이라 하는 사람들이 많았다. 산 언덕바지에 고구마 농사를 지으며 살았노라고 술회하는 노인들도 있고, 천막을 치고 가구를 만들며 주름살이 늘어난 소상공인들도 있었다. 어느 때는 팔이 민둥한 노부부를 버스정류장에서 맞닥뜨리기도 했는데, 내 집에서 모락산 쪽으로 1백여 미터 거슬러 가면 베일 속의 '성 라자로 마을'이 있는 까닭이다. 그곳은 가톨릭 수도인들의 기도처인 반면, 한센병 환자들의 휴양처라고도 한다. 지금도 베일에 가려져 일반인들의 출입은 다소 제한이 따른다.

　모락산 아래에 붙박인 지 어느덧 17년, 산을 향한 집이다 보니 눈만 뜨면 저절로 산에 기댄 그 마을을 바라다보게 된다. 서로 약간의 거리를 두고 신비로움을 유지하는 사람들처럼, 해 뜨고 달뜨는 풍광에 젖어들며 지내는 사이 내가 이곳 원주민이 되려 한다. 신축아파트에 깃들어 오래 살고 있는 사람들을 요즘 그렇게 부르는데, 오전동 방향의 모락산 아랫자락은 가톨릭 기도처를 제외하고는 대부분 개발되어 아파트 단지로 급변화했다. 천막 안에서 생산에 열중하던 가구공장들이 다투어 떠나고, 산자락 빈터에는 또 몇 년 사이 아담한 초등학교가 꿈동산으로 들어앉았다. 아울러 폐수가 흐르던 오전천도 아름다운 산책길이 되어, 오가는 이들의 쉼터 구실을 톡톡히 한다.

그 세월자락 저만치에서 손톱 밑에 막 기름 물이 들던 젊은 이는, 은빛 머리카락 빗어 넘기며 소규모의 정비업소를 운영하고 있다. 당차게도 어엿한 1급 공장을 꿈꾸던 처녀는 함함하며 말을 삼킨다.

이처럼 골목에는 수많은 이야기가 배어 흐른다. 번듯번듯한 빌딩 숲 뒤로 바쁘게 돌아가고 있는 기계소음 언저리엔 사람들의 순박한 꿈이 호흡을 같이한다. 그 애환에 가끔 가슴 시릴 때도 있다. 그러면서도 저물녘, 큰길가 정류장을 향해 고물고물 걸어 나오는 사람들을 보면서 이 시대 산업현장이 건재함을 확인한다.

― 《경기문화나루》 2014. 11,12월호.
경기문화재단 2014 창작지원 작가 신작모음집,
경기문학 《그곳에 이야기가 흐른다》

멋진 날

오랜만에 회포를 푸는 날이다. 선생님께 드릴 난분을 들고 나타난 꽃집 친구 K가 화사하다. 상기된 얼굴에 수줍음을 머금은 미소가 새삼 아름답다. 아침 일찍 대전을 출발해 KTX를 타고 오는 동안 설레는 가슴을 얼마나 다독였을까. 일행에게 나눠줄 백합에 초등졸업앨범까지 아름안고 온 순정이 갸륵하다.

선생님은 소박하고 음식맛 좋은 단골식당으로 가서 식사하자 하셨다. 그리고는 가만히 앉아있으라는 엄명이 떨어졌다. 제자들이 셋이나 갔는데도 지갑을 못 열게 으름장을 놓으며 예전의 힘 좋던 선생님 노릇을 하셨다. 시골 학교에서 교정을 울리던 사십몇 년 전의 기백으로 돌아가신 것이다.

그 무렵 선생님의 교육열은 하늘에 닿아 있었다. 교실에서는 공부, 운동장에서는 운동. 그야말로 끗발 날렸다. 키 크고 순발력 있는 아이들을 선발하여 교내 배구부를 만들었던 것. 소 꼴 베고 공깃돌이나 만지작거리던 농촌 아이들에게 유니폼을 맞춰 입히고, 등 번호를 달아주었으며, 서브 넣는 법부터 가르쳤다. 공을 맘껏 만질 수 없는 아이들은 방과 후 버드나무 언저리에서 놀다가 튕겨 나오는 공이나 주워들고 힘껏 서브를 날렸다. 나는 후자에 속해 운동장의 주인공들을 부러워하며 손끝이 툭툭 터져 피가 흘렀다. 하지만 그러한 두 손을 선생님 앞엔 들키지 않으려 옹송그리고 다녔으며, 집에 돌아와서까지 둥그런 실꾸리를 이리 던지고 저리 넘기며 배구질을 해댔다.

그러던 어느 날, 선생님은 마침내 큰 냇가를 사이에 둔 학교부터 시합을 붙이기 시작했다. 제자들은 선생님의 근성을 닮아 붙는 족족 이겼다. 박토에 나서 계룡산 용추의 물줄기를 자양분 삼은 아이들은 점점 폼이 세련되어 갔고, 어깨에 힘이 들어가기 시작했다. 군 대회는 물론이고 도 대회에서 2등을 거머쥐던 날, 그 애들은 모두 영웅이 되었다. 덩달아 전교생 6백여 명의 기가 하늘에 닿았다.

그런데 이날 모인 세 사람은 공교롭게도 운동장의 스타는 아니었다. 대기업에 근무하는 선배 J는 당시 있는 듯 없는 듯 착실했고, 그에 비해 K는 한 멋 하던 육성회장님의 고운 딸이었다. 바로 학교 옆의 그 애네 집은 마당가에 수목이 어우러져 갖가지 꽃이 덩실거렸다. 그러더니 그 애는 자라서 유명한 꽃집의 주인이 되었는데, 풍문에 의하면 선생님을 어릴 적부터 좋아했다고도 들린다. 심지어는 너무도 많은 나이 차가 원망스러웠다 하니 빈말만은 아닌 것 같다. 반면 나는, 선생님 말씀을 빌자면 글로 날렸다고 하신다. 형태는 다르지만 나도 같은 선생님의 제자로서 휘날린 셈이다.

선생님이 허허 웃으신다.
"시간 다들 비워놨지? 오늘은 내가 가자는 대로 가자. 뭐니 뭐니 해도 이쪽에선 자유로를 타야지!"
우리들은 J가 운전하는 차를 타고 지시에 따랐다. 먼저 일산 초등학교로 가서 체조선수들과 코치를 만났다. 선생님이 지도하시던 당시 전국 1등을 했던 선수가 현재의 코치로서 후학을 맡고 있었다.
"일루와, 이리와 봐. 다 내 제자들이야. 여기 이 누나들은 선생님이 너희를 만나기 전, 저~기 충청남도 계룡산 인근 학교에서 근무할 때에 가르친 선배들이야."
선생님은 우리들과 그 청년을 한 자리에 세우고 사뭇 흐뭇해 하셨다. 그때 써 붙이셨다는 "훈련 땐 울고 시합 때 웃자."는 구호가 '훈련 때'로 변화되어 역사를 반증하고 있었다. 참 보기 좋은 모습이었다. 엄격함 속의 사랑이 되살아나 가슴이 뭉클해졌다. 그 깊은 정에 의해 당신의 제자들이 정도를 걷고 있지 싶었다.

선생님의 옛 근무지에서 우리들은 기념 사진을 찍고, 이번엔 찻집을 찾아가는 길이다. 선생님은 어느결에 부친 생존 시에 모시고 다녔다는 장소를 더듬고 계셨다. 매우 인간적인 모습이었다. 그러다가 다시 차를 돌려 지나쳐간 카페로 되돌아왔다. 그런데 외진 길 저만치 밭둑에 새빨간 열매들이 눈길을 사로잡았다.

"산딸기다! 선생님! 우리 따먹어요."

예전의 점잖기는 어디 가고 제일 먼저 내가 소리쳤다. 우리들은 선생님 허락 하에 밭둑으로 갔다. 한 홉은 먹은 것 같다. 그러면서도 인증 사진을 남기느라고 바빴다. 선생님은 어느새 밭둑 아래를 가리키셨고, 친구와 나는 쪼그린 채 앉은걸음으로 옮겨 다니며 부지런히 손을 놀렸다. 그걸 어떻게 봤느냐는 선생님 말씀에는 건성으로 대꾸하고, 등하교 10리 길에 마주하던 물상들을 한껏 만난 가슴속은 무한한 색채로 아롱지고 있었다. 그때는 선생님도 30대 초반의 청년이었고, 우리들은 세상에 대해 궁금한 것이 막 고개 들던 열세 살 소녀들이었다. 선생님보다 더 훌륭한 인물은 세상에 없는 것 같았고, 장래 희망은 단연 '선생님'이 우세였다.

찻집에서 커피를 주문하자 찻잔에 하트 무늬가 바글바글 모여 나왔다. 이젠 선생님이 먼저 증거를 남기자며 눈을 반짝였다. 그렇게 번갈아 기념 사진을 찍으며 우리는 애들처럼 굴었다. 앞서 일산초등학교 3학년생들이 물어도 '우리 선생님'이라며 싱글거렸고, 찻집에서도 6학년 때 선생님이라 일러주며 부러움을 샀다. 무엇보다도 올곧게 살아오신 한 교육자와 동행이어서 더욱 뿌듯했다. 선생님은 선생님대로 우리들 손을 잡고 '멋진 날'이라 하셨다.

그래. 모처럼 멋진 날이다. 모든 풍경 속엔 사람이 있어 아름답고 그 특유의 향기가 오래가지 않던가. 훗날 돌아보게 될 이 날은 또 얼마나 귀한 시간 속의 하루이랴.

돌아와 자리에 들어서도 잠이 오지 않는다. 앞으로 은사님과의 테마 만남을 자주 기획해야겠다는 다짐이 선다. 스승으로부터 말씀하시게 하고 우리들은 듣는 거다. 자리를 마련하고부터는 능동보다 수동에 주력할 일이다. 일흔도 훨씬 넘긴 어른. 저 건재하신 음성을 들어두는 것이 내가 앞으로 해나갈 또 하나의 과제이다.

— 《다시올 문학》 2015. 봄호

빛나는 날들

　찬란한 도시다. 고층 빌딩들이 몇 나타나고, 저 멀리로 푸른 하늘이 열려 있다. 그 앞에 키가 장대만 한 청년이 반바지 차림에 빨간색 배낭을 메고 서 있다. 당당한 뒷모습이다. 세상을 향해 무슨 말을 걸고 있는 것일까. 저 먼 곳을 응시하며 무엇을 가슴에 품었을까. 그 한 컷의 사진 옆엔 "빛나는 날들이었다." 하고 작은 글씨가 또렷하다.

　스물여덟 살의 아이는 지금이 아니라면 언제 또 배낭여행을 하겠냐며 짐을 꾸렸다. 몇 년 전에 사회 초년생으로서 한 번 다녀오고, 이번이 두 번째이다.

　― 엄마, 나 이제 비행기 타요.

- 잘 다녀와라. 사랑하는 내 멋진 큰아들! 특히 몸조심, 길조심, 약 잘 챙기고.
- 엄마, 나 파리 숙소에 도착해서 밥 먹었어요. 멀다. 우선 여기서 4박 할 거야. 날씨 쌀쌀함.
- 옷 잘 껴입어라. 여기는 폭염. 깻잎 따서 차 뒤에 싣고 오니 절로 다 익었다.

- 파리에서 짐 싸서 지중해에 있는 도시로 가요. 문자 길게 보내면 못 봄.
- 살아 있는 기록은 그때그때 그곳에 있을 때가 최상! 감흥을 즐기고 살려라.
- 응. 알겠어요.

나는 또 밥 잘 먹고 약 잘 챙기라는 주문을 한다.

- 새벽 5시 반. 스위스로 넘어가려고 공항 가는 중.
- 조심히 다녀라.
- 스위스 산. 비 와서 걱정했는데 내가 가니 딱 맑아짐요.
- 산신령이 도우셨구나. 알프스 소녀 하이디도 만났고?
- 이번 여행은 저번과 다르게 삶의 무게 같은 게 느껴지고, 난 잘 살고 있나 생각하게 돼요. 여하튼 잘 먹고 다니고 있어요. 아직은 스위스.

– 한결 성숙한 모습으로 의식의 곳간 살찌우고 오겠구나. 국내는 사상 최고 더위.

– 스위스에서 오스트리아로 넘어왔어요. 밥해 먹었음.
– 쌀을 어찌 구했니? 여기는 이제 막 소나기 소리 들린다.
– 슈퍼에서 샀음. 여기는 선선해요.

그렇게 스무 하루의 일정을 소화한 아이가 돌아오는 날이었다. 나는 작가들 모임에 참석해 지방에 있었는데 아이의 지친 목소리가 가슴을 철렁하게 했다. 그리고 이어 문자메시지가 날 아들어 신경을 어지럽혔다.

– 여기는 중국인데 이따가 공항으로 나 데리러 와줘요. 아빠 설득해서요.

예사 아버지들이라면 앞서서 마중 나갈 일이나 잔정 없는 애들 아빠로서는 달가워할 일이 아닌 터, 둘은 말 한마디 없이 공항에 도착했다. 그리고 아이의 가방을 받아 실었다. 그런데 짐짝처럼 툭 내려앉는 아이의 체중에 뒷좌석이 들썩한다.
"엄마, 나 죽을 것 같아."
그 말을 우리 부부는 예사로 넘겼다. 여독이 겹쳐 그럴 만도

빛나는 날들 183

하지 싶었다. 그러나 그 며칠 후, 병원에 다녀온 아이의 얼굴은 좀체 펴지지 않았다.

건강에 대한 위기. 올 것이 온 것이다. 제발 오지 말았으면 하던 평소의 간절한 기원이 들어 먹히지 않았다. 조금만이라도 더 늦게 왔으면 하는 작은 바람도 이뤄지지 않아, 저 피 끓는 청춘에게 모질고 모진 회오리가 엄습했다. 한창 하고 싶은 것이 많을 나이이고, 사랑도 뜨거울 나이인데 너무도 급작스레 주춤거리게 했다. 가족들은 무얼 어디서부터 손을 써야 할지 당혹스러웠다. 그런다고 달라질 그 무엇도 없었지만, 정신이 나약해질 대로 나약해져 이리 치닫고 저리 치달았다.

이미 알 만큼 알면서도 전문적인 지식을 쌓느라 새삼스러웠다. 지푸라기라도 약이 된다면 삶아 먹일 참이었다. 어쩌다 명약이라고 들은 약재의 뿌리가 손가락만 할 때 그 농장을 점령하여 몽땅 캐오기도 했다. 실하게 키워야 값나갈 물건을 흔쾌히 내어주는 어르신을 만날 때면, 옅은 희망의 빛에 에워싸이며 감사의 절을 하고 다녔다. 몸에 독소가 쌓이면 안 된다고 금기시해온 것들에 대한 경계가 와르르 무너져 내린 현상이다.

그러나 아이는 명색이 과학을 전공하여 생물을 가르치는 학생들의 선생이다. 제 콩팥이 기능을 제대로 못 하는 처지이지만, 푸릇푸릇한 아이들에게는 목청 높여 그 동그스름한 것의 역할을 설명했다. 이제껏 쌓아온 체험을 더하여 더욱 절박한 심정으로, 너희들은 절대 아프지 말라는 속마음을 얹어 전달하고 또 전달했다. 그 밝은 이성에 대고 부모의 우매한 본성은 하루가 멀다 하며 투닥질을 해댔다. 어렵사리 약이라고 구해온 것들을 불과 얼마 후 밭에 거름으로 쏟아버렸지만, 그래도 그러한 행위가 어미 노릇이요 아비 노릇이었다. 건강에 대한 갈망이 크면 클수록 빛나야 할 날들이 암울한 날이 되어 가슴을 옥죄어 왔다.

그로부터 어언 2년, 아이가 타고 놀던 배들이 시간을 재우고 있다. 카약에서부터 고무보트 서너 척이 주인을 잃고 방치된 채 때를 기다린다. 그렇지만 보기 좋게 살집 오른 아이가 이즈음 자주 씽긋씽긋한다. 담임 맡은 학생의 진로가 잘 열렸다며 미소를 머금고, 사랑에 충만한 듯 흥얼거린다. 가슴을 후벼 파던 날들은 어디 가고 나도 시시로 빙긋빙긋한다.

인생길에서 빛나는 일은 과연 얼마나 될까. 살아 있는 것은 언제 어떤 의미를 감지하느냐가 최상! 멋쩍지만 지금의 따뜻한 감흥을 조용히 안고 다독인다. 어느 날 문득 뒤돌아보면, 다시 이날이 보석과 같은 날일 수 있는 까닭에.

— 《문학이후》 2014. 겨울호

돌이 말을 한다

　임진각 평화의 종각으로 오르는 계단 가장자리, 철 잊은 무궁화 한 송이가 시선을 끈다. 즐비한 군락 사이에서 빗물을 머금고 흥건하다. 혹시 누가 일부러 꽂아둔 조화인가 싶어 만져보니, 보드레한 꽃잎이 싱싱하여 다가선 손길을 무안케 한다.
　그 앞에서 잠시 머뭇거리다가 인파를 따라 계단 끝자락에 오른다. 나라에 평화가 깃들기를 소망하는 글귀와 함께 몇몇 인사들의 이름이 새겨져 있다. 나는 일행에게서 뚝 떨어져 한가로이 걸어본다. 그러다가 웬 병풍 모양의 조형물 앞에 사람들이 둘씩 셋씩 모여 있는 것을 보게 되었다. 그들의 시선은 하나같이 유리관 속의 거무튀튀한 병풍에 고정되어 있었다. 도대체 무엇을 살피고 있는 것일까. 주변엔 녹슨 철로도 있고 표면이 너덜너덜해진 기차도 있는데 저이들을 저토록 강하게 잡아끈 것이 무엇일까.

　나도 그들 대열에 서서 회색 물체에 눈길을 던져본다. 그러다가 내면 깊은 곳에서 솟구치는 요동을 만난다. 전쟁에 참여했던 사람들의 메아리가 쉼 없이 들려온다. 다름 아닌 '평화의 돌'이란다. 전 세계 전쟁터의 한과 슬픔이 서린 돌을 모아 만든 조형물이라는 안내 표지석이 가슴을 서늘케 한다. 오석烏石의 조형 병풍에는 각각의 돌들이 번호를 달고 박혀 있다. 아이 주먹만 한 것도 있고, 어른 주먹보다 조금 큰 것도 있다. 돌을 수집한 전쟁터와 발발연도도 자세히 기록해 놓아, 그 끔찍한 흔적을 상기시키고 있었다. 2차 세계대전(1940) 영국 버밍엄, 대몽골전쟁(1241) 헝가리 부다페스트, 태평양전쟁(1945) 일본 히로시마 등등.

　이 상징물 앞에서 누군들 발길이 가벼우랴. 그 누가 스치듯 이곳을 가벼이 지나칠 수 있으랴. 저리도 명료하게 전쟁의 상처를 노래하는 물증 앞에서 철인인들 눈 가리고 귀 막고 마음 닫을 수 있으랴.

　친정엔 26년에 걸쳐 군인이 여덟이었다. 맏이인 오빠를 비롯한 8형제가 모두 현역으로 군 복무를 마쳤다. "둘만 낳아 잘 기르자." 하던 시대에 한꺼번에 네 명이 군인일 때도 있었다. 그래서인지 막내 그룹의 동생들이 군대에 가도 마치 뒷동네에 마실 보내듯 건성건성 어깨나 툭툭 쳐주었다.

환갑을 넘긴 오빠가 군 생활을 하던 시기에는 너나없이 경제적 어려움을 겪고 있었다. 그러던 터라 예사 가정에서는 장정 한 명이 군대에 가고 안 가고에 따라 형편이 크게 좌우되었다. 철석같이 믿고 있던 기둥이 나라의 부름에 응할 때, 상급학교 진학을 앞두고 있던 동생들은 부푼 꿈을 접고 공장으로 식모로 발걸음을 옮긴 예가 허다하다. 그렇게 해서 그 아래 동생들이나마 학업을 이어갈 수 있는 집안이 많았다. 위에서 셋째인 나도 그 대열에 끼어 치열하게 주경야독의 길을 걸었던 사람이다.

어머니는 장독대에 떠놓는 물 한 사발로 자식들에 대한 염원을 대신했다. 당시만 해도 동냥 다니는 사람 중에서 상이군인들을 자주 접할 수 있었기에, 이따금 날아드는 군사우편을 받고서야 안도의 숨을 몰아쉬곤 했다. 그러다가 토방 아래 군화가 놓인 날이면, 등잔불 심지를 돋우며 휴전선 이야기로 밤이 이우는 줄을 몰랐다.

그러고 보면 여러 아들을 군대에 보내뒀던 그때가 친정 일가의 과도기였을까. 작게 보아 아버지의 역사를 만들어 가는 길목에서 부흥기로 접어드는 시기 말이다. 그래서 더 어려웠고, 허리띠를 졸라매야만 버티어낼 수 있었던 불안정한 시기…. 이는 한 개인의 가정사에만 국한되는 것이 아니다. 집집마다의 그런 소소한 이야기들이 모여 굵직하면서도 폭넓은 이야기를 낳는다.

한 나라의 역사를 보더라도 과도기가 있지 않은가.

부모님이 아들 여덟을 신체조건 1등감으로 낳아 '현역제대' 시키신 일은 딸인 나에게까지 영향을 미쳐, 호국의 인물 한 분을 조명할 때에 미력하나마 힘을 보태게 했다. 한국전쟁 때 우리나라의 동부전선을 지켜낸 고 김용배金龍培 장군 전기를 쓰는 데 참여한 것이다. 혹자는 여성의 힘으로 어찌 그런 일을 했을까 의아해할 일이나, 자식들을 키워 나라에 맡기고 흐뭇해하던 아버지의 딸로서 그 방대한 작업은 숙명과도 같은 것이었다. 수차례 장군의 출생지를 오가며 자료를 찾고, 흐릿하니 베일에 가려진 혈육을 만나 장군 닮은 형형한 눈빛을 확인했다. 전쟁박물관 등에서 자료 도움을 받고, 장군이 속했던 연대에서 그 시기의 행적을 구해 정독하는 데만도 1년여의 시간을 보냈다. 그리고는 몇 남지 않은 참전 용사들의 증언을 녹취하여 아린 상흔을 더듬어나갔다.

일본의 압박에서 해방을 맞은 지 고작 다섯 해, 전쟁이 일어나게 된 배경이야 차치하고라도 이 나라의 군 지휘자 중 한 사람이 순발력을 발휘해 물밀 듯 하는 북한군을 맞받아치는 대목에서 나는 숨을 죽였다. 압록강에서 수통에 물을 담아 이승만 대통령께 전했다는 기록에서는 어린 날 사회 교과서로 익힌 물 뜨는 병사 사진이 연상되어 전율했다. 그러나 당시 대령이었던 그 사람! 김용배 장군은 결국 중공군의 침공에 의해 서른한 살의 푸르디푸른 나이로 산화하고 말았다. 대략 꼽아보더라도 전쟁의 불길 속에서 명을 부지한 사람의 수가 외려 드문 일 아니던가. 눈부신 문명 속을 활보하고 있는 우리는 그렇게 스러져간 고혼들의 향훈으로 오늘을 살아가고 있는데, 나부터도 종종 그것을 망각할 때가 있다.

지금 이 자리 임진각, 작은 공원에서 돌들이 재차 말을 건다. 저 견고한 것들이 모래알갱이로 산산이 부수어진다 해도 못다 할 거대한 말자루를 품고 옹알이를 한다. '아파요.', '포탄에 뜨거워 조각조각 튀었어요….' 하다가 '이 땅, 아니 온 누리에 서로 대적하는 살생은 다시 없어야 합니다!' 하며 수많은 병사들의 음성으로 조곤조곤 일러온다. 그 침묵의 언어가 하 강렬하여 닫혔던 의식에 신선한 바람이 인다.

그래. 무궁화야, 피었거라. 어찌 한 계절에만 꽃잎 열어 속 깊은 위로로 화답하리.

― 《月刊文學》 2015. 6월호

고수高手를 향한 노래

　지금 밖에는 봄을 재촉하는 비가 소리를 낮추어 대지를 적십니다. 머잖아 새 생명의 움직임이 사방천지에서 요동치겠지요.
　돌아가신 모촌 선생님께서는, 수필을 쓰겠다고 마음은 먹었으나 제대로 된 수필이 뭔지 모르는 후학들에게 방향 잃지 않도록 "우선 사람이 되어 사람다운 글"을 쓰라고 이르셨습니다. 수필은 글을 쓰는 사람의 인품에서 비롯되는 것임을 누누이 강조하셨지요. 하여 저는 "글은 곧 사람이다." 하는 말씀을 새기며, 격을 잃지 않는 수필을 쓰고자 노력합니다. 깜냥대로 나름의 세계를 펼치며 걸어갑니다.
　선생님이 그립습니다. 말이 통하고 글이 통하고 정신이 통하던 수필계의 어른 한 분이 무척이나 뵙고 싶습니다. 선생님 책 《발자국》을 낼 때의 이야기입니다.

"내가 이젠 정신이 흐려. 어디, 선화가 내 흠을 찾아보라고."
하며 원고 뭉치를 맡기시는 바람에, 저는 신바람이 나서 스승의 원고를 훑고 또 훑었습니다. 어쩌다 한 글자, 한 어절이라도 겹치는 부분이 발견되면 숙제를 해결한 아이처럼 입이 절로 씽긋거려졌습니다. 원고를 가지고 오갈 때도 전철을 수차례 갈아타다가 자료를 분실할까 우려되어 일산까지 택시를 타기도 했었지요. 2000년도의 여름은 그렇게 갔습니다.

선생님이 산본에 살고 계실 때의 이야기지요. 시퍼런 남동생을 불시의 사고로 잃은 저는 살림을 내려놓고 지방에 내려가 요양 중이었지요. 그런 제게 군포시 백일장에 나가 수필을 써 보라는 글벗의 권유가 들어왔습니다. 시 창작에 미쳐있던 시절이어서 썩 내키진 않았지만, 심사하실 분이 윤모촌 선생님이라는 말에는 이내 솔깃해졌습니다. 선생님의 글 세계는 익히 알고 있는 바, 간간이 쓰던 제 수필에 대해 객관적 평가나 한 번 받아보자는 의욕이 일었습니다.

그런데 동생을 보내고 2주 만에 써낸 글이 선생님 눈에 들었답니다. 땅에 깊이 뿌리내리지 못하고 서른 초반에 꺾인 동생을 '도시에 사는 나무'로 형상화 한 글이었지요. 부모님 몰래 장사 지내며 그 비통함을 눌러댄 내용이었습니다.

하지만 본격적인 사제의 연은 그로부터도 한참 뒤였습니다.

은연중에 저는 수필에 젖어들었고 이왕이면 제대로 쓸 줄 아는 사람이 되고 싶어 갈망했습니다. 한 마디로 울뚝불뚝한 글 성향을 다스려줄 고수가 필요했던 것이지요. 그러던 5월 어느 날 긴 치마를 차려입고, 인근 가게에서 가장 큰 수박을 사 남편 차에 싣고는 몇 걸음 거리의 선생님 댁으로 향했습니다. 그리고 남편을 밖에 세워둔 채 들어가 큰절을 올렸습니다. "인사드리겠습니다." 하자, 선생님은 헐렁한 바지에 청색 남방을 젊은이처럼 걸치고 앉아 제 절을 받으셨습니다. 그때 제 나이 서른 중반이었습니다.

돌이켜볼 때마다 그날 선생님께 절을 올린 일은 참 잘했다고 여겨집니다. 자라면서 무협지를 탐독해둔 영향이기도 하지요. 무술을 연마하는 사람들이 고수高手를 찾아가 사제의 연을 맺으며 갖추는 예법이 어렸던 제게 매우 인상적이었습니다. 학풍을 따르는 선비의 예도나 심신을 닦던 무인들 흉내를 제대로 내본 셈이지요.

이제 다시 선생님을 떠올리며 마음 숙연해집니다. 팔순을 넘기며 절필을 선언하실 무렵, 선생님은 이미 세상에 대한 미련을 부려놓고 기꺼운 마음으로 미소 짓고 계신 것 같았습니다. 어쩌면 밤마다 오색구름에 올라앉는 환영에 잠기시는 건 아니었을지요.— 낯선 길 어디론가 총총걸음 옮기시는 선생님을 꿈에서 뵈면 저는 냉큼 달려가 팔짱을 꼈답니다. 그런 다음 날 안부 통화를 할 때면 "허허, 선화가 내 생각을 많이 한 게로구먼." 하셨지요.

선생님! 제가 한창 공부할 때 "내 모든 것을 자아내어 가르치는 것이니 잘 받아들여라." 하신 말씀을 기억합니다. 파킨슨병으로 손이 떨리고 눈이 어두우신데도 제자들에게 하나라도 더 넣어주려 힘을 모으신 선생님. 그 귀한 말씀을 어찌 가벼이 받았겠는지요. 원고를 사이에 두고 가슴이 전율하였으며, 돌아오는 길 내내 사제 간의 교감으로 정신의 연못이 출렁였습니다. 어쩌다 제가 주저주저하고 선뜻 청하거나 여쭙질 못하면, 따끔하게 지적하셨지요. 사제지간에는 '감히'라는 말이 허용되지 않는다고요. 허심탄회하게 묻고 답하라는 뜻이 아니겠는지요.

선생님! 향년 83세의 일기로 세상 떠나신 지 어느새 10년입니다. 봄꽃 벙긋거리는 어버이날을 하루 앞둔 날에 환한 미소를 남겨두신 채 영영 저편에 드셨지요. 그 사이 이 부실한 제자도 새치가 몇 개 늘었습니다.

앞으로도 선생님의 살뜰한 가르침 헛되지 않게 늘 겸허한 자세로 글을 써나갈 것입니다. 추호라도 무디어지지 않도록 정신 바짝 차려 붓끝일랑은 곧추세우겠습니다. 모쪼록 그 먼 곳에서 부족한 제자 하는 양을 지켜봐 주십시오. 그러다가 행여 엇나가

거든 꿈길 밟고 와 꾸짖으시고, 더러 잘한다 싶으시거든 지나는 구름 사이로 살짝 바람 일으켜 제 창가의 나뭇가지 덩실 춤추게 하셔요.
―윤모촌 선생님 작고 10주기에 즈음하여 이 글을 올립니다.

―《에세이21》 2015. 봄호

아버지, 망치를 들다

내가 아마 남자였다면 하고 싶은 일 중에 건축가도 들어있다. 남자가 아니어도 이렇듯 불뚝불뚝 그 건설적인 일에 매료되니, 실제 그리 태어났다면 얼마나 열망하는 일이 많을까 짐작이 간다.

간밤엔 길 뜨신 지 13년이나 된 아버지를 만나 뵈었다. 고향 집 앞 너른 밭을 성큼성큼 걸어 올라오시더니 새 돌로 서툴게 쌓아 올린 담장을 쓱 둘러보았다. 우리 내외가 구상은 잘했으나 힘이 달려 돌을 올려놓기에 급급한 옹성이다. 출입구를 낸 앞쪽으로는 훤하게 남겨두고 양옆을 넓게 잡아 성곽처럼 쌓아 올렸다. 그리고 사람이 기거해야 하는 안쪽으로는 둥그렇게 오밀조밀 제법 흉내를 냈다.

"이래서야 어디 담장 구실을 하겠는가."

아버지는 혼잣말처럼 한마디 하시더니 이내 뭉툭한 망치를 집어 들었다. 그리고는 말은 본 듯 만 듯하고 안으로 튀어나온 큰 돌부터 힘을 가하기 시작했다. 펑~펑~펑~ 소리가 시원스러웠다. 그 장단 따라 돌들이 차츰 교열되어 갔다. 꿈쩍할 것 같지 않았던 바위도 망치질이 잇따르자 서서히 뒤로 물러나 안쪽이 고르게 되었다. 그렇게 됨으로써 바깥쪽은 자연스러운 미를 구축하고 있었다. 들쑥날쑥하긴 했지만, 외려 햇살과 바람이 돌 틈에 앉아 놀다 가지 싶었다. 묵묵히 지켜보던 나는 '아, 담은 저렇게 치는 거로구나.' 하며 고개를 끄덕였다. 남편도 그윽하게 장인어른을 바라보았다.

젊은 날의 아버지는 지게, 망치 등속으로부터 자유로울 수 없었다. 땔감이며 모든 농사에 필요한 짐들을 지게로 져 날라야 했으니까. 생활반경이 산골이니 수레도 없을뿐더러 손수레 길이 났을 리 만무하다. 그러한 중에 망치는 갖은 일에 쓰였다. 외양간을 짓거나 닭장, 토끼집을 지을 때 등등. 그것이 없으면 기초적인 일부터 할 수가 없었다. 논두렁 밭두렁이 빗물에 흘려내려도 나뭇가지를 잘라다가 망치질 몇 번으로 방천을 쌓았던 시절이다.

그렇게 아버지의 손때 묻은 물건들이 공주 시골집에 있다. 헛간 시렁에까지 올라앉아 어험! 하며 헛기침 소릴 낸다. 나는 그 집을 1년 전부터 기술자들에게 맡겨 수리 중인데, 맨 처음 한 일이 외관상 가장 먼저 눈에 들어오는 담장정리였다. 소를 키우던 외양간 한 채를 후딱 헐어치웠다. 그 휑한 자리에는 어른 가슴께 높이의 신식 담으로 멋을 부렸다. 앞 담과 옆 담이 그럴듯하게 키 맞춤을 하자 마음이 한결 말끔해졌다.

그다음으로 한 일이 지붕 개량이었다. 전형적인 흙집에 빨간색 기와가 얹혀있던 안채를 검정 기와 꼴로 올리고, 좌청룡 우백호 격의 사랑채 두 곳을 적색 함석으로 바꿨다. 산 아래 집이니 빗물 스며드는 것을 방지하기 위해 흙벽 아래쪽에는 어쩔 수 없이 시멘트로 옹벽을 쳤다. 그리고 황토 마당에는 질척거리는 것을 방지하기 위해 뒤꼍까지 자갈을 몇 차 부렸다. 이만큼만 수리를 해놔도 집이 한 인물 났다. 동네에 들어서며 첫 번째 집이니 마을의 첫인상에 누가 되지는 않을 성싶었다.

아버지가 세상을 뜨시자 장남인 오빠는 어머니만 쏙 빼서 이사 나간 집이다. 그곳에 어머니가 간간 들러 사나흘씩 묵으며 텃밭을 일구고 이웃과도 정을 나누었다. 그때만 해도 안채가 온전했고, 이웃 할머니들이 대거 평안했다. 하지만 노인들이 한 분 두 분 길을 뜨고 집도 기운이 쇠해 서까래 한 곳이 휘어졌다. 그리되자 어머니는 서둘러, 짐을 사랑채로 옮기게 하고 혼자 묵는 일이 없어졌다. 혹 사랑채를 들여다보고 싶어 하셔도 내가 열쇠를 빼앗아두고 드리지 않았다. 수도권에서 지방에 오가는 딸의 게으름이 한몫을 한 것이지만, 혼자 기거하시다 무슨 변고라도 날까 싶은 기우가 그리 주춤거리게 했다.

전원생활을 꿈꾸는 내가 여기저기 풍수를 살피고 다니자 어머니 속은 새까맣게 타들어 갔다. 지나가던 스님이나 아버지 말씀으로 이 집터가 꽤 쓸 만하다 했다며 설득하기에 바빴다. 그러니 나는 3년을 더 방황하다가 이 차 저 차로 결국 친정집을 인수하기에 이르렀다. 유산으로 받은 것을 두고 보려는 동생에게 누이가 의지처로 삼겠으니 넘기라 한 것이다. 금전적 가치를 떠나 부모형제와 살을 비비고 살아온 애환 깃든 공간이니, 누가 손을 보더라도 감행해야 할 일이었다.

그렇게라도 구옥의 외형부터 수리하고 나자 이웃 사람들에게 체면치레는 한 느낌이었다. 그러나 헌 집 고치는 일이란 생각처럼 능률이 오르지 않았다. 최대한 옛것을 살려두며 사람살이에 지장 없이 하려니 건축업자와의 사이에 마찰도 잦았고, 변덕도 자주 일었다. 그러면서 공사 시작한 지 근 1년이 가까워오고 있다. 어머니는 이미, 사랑방 한 번을 열어보지 못한 채 먼 길 뜨시고…. 그 뒤에야 이 딸은 청개구리처럼, 어머니께 따스한 진짓상 한 번 지어 올리고 싶었던 옛집에 마음 매달려 기웃댄다.

느려도 너무 느리다. 집 고치는 일로 거래하는 충청도 사람

말이다. 나도 충청도 출신이지만 그 성정이란 것이 사람 따라 다르지 땅 따라 다른 것은 아닐 터, 오리지널 그 업자는 아예 나무늘보다. 한다 한다 하면서 미루기를 몇 계절, 여름 가고 가을 가고 겨울 가고 봄이 무르익고 있지 않은가. 차라리 내가 할 줄 안다면 직접 나서고 싶은 마음 굴뚝같다. 하지만 장가 안 든 자식까지 남자가 셋인 집안의 아낙이니 벙어리 냉가슴 앓기다.

보다 못한 아버지가 꿈길에 망치를 드셨다. 예서 하루만이라도 살아보고 숨 거두길 소망하신 어머니 첫 기일을 이레 앞두고, 아버지가 폼 나게 오셨다. 그리고는 거침없이 뚝딱뚝딱 일을 하셨다. 꿈속이지만 지원군이 있어 든든했다. 가슴속 응어리도 다 소멸되는 것 같았다. 일이 더뎌지니 경계를 넘어서서 직접 나서신 걸까. 애태우는 딸을 더 두고 볼 수 없어 어루만져주는 것일까.

흑백이 명료한 보여주기 한 판 꿈! 돌이켜 생각할수록 미소가 고인다. 꿈속의 아버지 기세라면 천하에 다시없는 늘보라도 긴장하지 않을 수 없을 터, 이제 곧 희소식이 들려오려나 보다.

— 《수필과 비평》 2015. 5월호

끗발 날렸다

 코앞의 한의원까지 기다시피 했다. 왜 이렇게 되었느냐고 사십 대 초반의 남자 의사가 다그친다. 나는 대뜸 '우리 선생님' 때문이라고 했다. 의사가 갸웃하며 내 눈치를 살핀다.
 "초등학교 때 은사님과 소풍을 다녀왔다고요."
 그제야 그가 빙긋 웃는다. 오금과 발목에 침을 꼭꼭 찌른다. 얼마든지 더 놓아달라는 부위에 놓아줄 태세였다. 그에게도 그리운 은사님 한 분쯤 새겨져 있으리라. 여선생님일 수 있겠다는 생각이 들었지만 묻지 않았다.
 만추 끝자락, 대중교통을 이용한 소풍이었다. 일산에 살고 계신 은사님과 대전에서 온 친구 K와 서울 사는 선배 J, 그리고 나. 이렇게 네 사람은 일전에 답사해둔 중남미문화원으로 갔다. 고양향교 옆의 한적한 낙엽길이 우리를 반겼다. 이곳은 잉카문

명을 옮겨놓은 자리이다. 흔히 접하기 어려운 중남미 문화가 고양시의 한적한 산자락에 밀집해 있는 것이다. 멕시코 대사를 지낸 내외분이 평생을 바쳐 일군 공간. 각종 미술품 등 손때 묻은 예술품들이 실내는 물론이고 야외공간에까지 진열되어 사람 살아가는 이야기를 들려준다. 이곳은 개인이 일구었지만 나라에 희사한 고급의 문화공간이다. 그래서 더욱 사람의 향기에 젖게 되는 곳이다. 누구나가 물질의 욕망으로부터 자유로울 수는 없을 터인데, 우리나라에 중남미문화를 들여와 보급한 이들 노부부는 인생 저물녘까지 여전히 열정을 불사르고 있었다.

일행은 그곳에서 차와 식사를 나누었다. 마침 80을 훨씬 넘긴 손으로 수레를 끄는 전직 대사의 검소한 마음결을 보았고, 그를 보좌한 부인의 통 큰 추진력도 확인했다. 우리들의 은사님은 인생 격동기를 함께 건너온 세월의 너울 앞에서 그분들과 상당 부분 공유하고 있었다. 그 대화 언저리에 이 애송이들은 끼어들 틈이 없었다. 그렇지만 아련한 삶의 뒤안길을 돌아보는 질곡진 이야기가 깊은 우물물 같았다. 수십 년 자란 나무들이 품 큰 가지를 늘여 지나간 이야기를 부추기는데, 이날 만난 노년의 모습들은 참으로 멋졌다.

문화원을 나온 일행은 앞서거니 뒤서거니 하며 길을 걸었다. 은사님께서 좋아하는 단골집을 찾아가는 길이다. 그곳이 어디쯤

있는지 나는 알 수 없었지만, 모퉁이를 돌아서자 길가 뙈기밭의 배추포기들이 덩실거렸다. 가을걷이하는 허리 고부라진 촌부들과도 눈을 맞춘다. 오랜만에 마주하는 고즈넉한 시골풍경이 마음을 넉넉하게 했다. 2차선 아스팔트 옆의 보도블록 위를 걷고 또 걷고…. 어릴 때의 소풍 길보다 길지 싶다. 나는 운동화를 신으려다가 모처럼 뵙는 은사님 앞에 격을 갖추려고 통굽 구두를 신었는데 후회막급이었다. K도 어느 틈에 구두 뒤꿈치를 살짝 꺾어 신고 있었다.

그런데 오차는 은사님도 마찬가지, 이 길이 초행이신 듯했다.

"아차, 저쪽으로 넘어야 하는데…. 괜찮아. 이리 가도 길은 나오니까."

뒤의 두 사람은 듣지 못하고 은사님과 두런거리던 내 귀에만 그 낮은 음성이 쏙 박혔다. 그래서 조금만 가면 목적지에 도달하는 줄 알았다. 그러나 요즘 와 무릎이 시큰거리는 내 체력으로는 버겁기 그지없었다. 차마 콜택시를 불러 타고 가자고도 못하고 유년의 소풍 길처럼 스승의 뒤를 밟았다.

그래도 나는 몸만 움직이면 되었다. 일행은 오가피주 2L와 개복숭아 원액 2L가 든 가방을 맞들고 군소리 없이 걸었다. 집에서 들고 나간 내가 주범인데 본의 아니게 짐을 지워 이젠 아예 참견할 염치마저 사라졌다.

어느새 해도 저물고 어둠이 내리기 시작했다. 몇 번째인가 모퉁이를 돌자 그럴 듯한 음식점이 나타났다. 저기인가보다 하고 안도하려는데 일행의 길이 또 휘어진다. 우측으로는 세종대왕의 동생 성령대군(병약하여 14세에 세상 뜸) 묘가 들어오고, 최영장군 묘 푯말이 보인다. 마음 같아서는 다 돌아보고 싶다. 하지만 발이 부르터 한 치 앞이 구만리였다.

급기야 나도 모르게 "아이구, 선생니임!" 했다가 잠시 걱정을 샀다. 지나가는 승용차를 세워 나를 먼저 태워 보내려 하시기에 시침을 뗐다. 그리고는 슬그머니 뒤로 빠져 가방에 든 면양말을 꺼내 신고 신발을 손에 들었다. 품위를 추구하던 애초의 자세는 어디로 가고 원초적인 편안함에 맘을 놓았다. 그렇게 1.5km 정도를 더 걸은 것 같다.

마침내 우리는 스승님 단골식당에서 술병을 열었다. 오가피열매로 담근 3년 묵은 술이다.—이 술이 어떤 술인가 하면, 배낭을 메고 충청도 촌락에 가서 민박을 하며 주인장을 녹여 구한 약재이다. 술도 못 먹는 사람이 약술 담그는 것은 좋아하더니, 은사님을 뵈러 가는 길에 선뜻 들고 나섰단 말이다.—이렇듯 생색을 내니 더욱 판이 무르익어 인생 역정의 이야기들이 토해진다.

"자, 정 팀장! 퇴직을 축하하네."

은사님의 한 말씀에 J가 눈물을 왈칵 쏟는다.

"선생님! 아버지 일찍 돌아가시고, 선생님은 저에게 아버지셨어요!"

다시 그 진홍빛 술잔이 오간다. 쨍쨍 부딪는다. 얼굴들이 불콰해진다. 나는 목만 축이면서 잔을 대고 응수한다. 울 사람 울리고 수완 좋게 속말을 이끌어낸다. 들여다보면 나도 울어야 할 일이 있을 터이지만 정신이 말똥말똥했다. 은사님은 우리들더러 끗발 날렸다고 하셨다. J는 회사에서 관리자로 끗발 날렸고, K는 꽃집 운영자로 사람들의 정서에 꿈과 희망을 심어주며 끗발 날리고…. 뒤안길에 당신의 발자취를 돌아보며 하시는 말씀이기도 한 것을 알고도 남을 일이다. 강직하게 당당하게 그러면서도 제자들에게 온화하게 살아오신 어른. 참 오랜만에 들어보는 정겨운 말이었다.

끗발—인생길 누구에게나 한 번쯤 그러한 좋은 기운은 깔려 있으리라. 그것을 제대로 누리거나 돌아볼 겨를 없이 살다가 스러져가는 사람들이 많을 뿐이지. 그래, 괜찮았구나 하고 회고하는 삶이었다면 그 행로는 범인凡人들이 쉽게 누리지 못하는 복된 것 아닐까. 노스승은 지금 옛 제자들의 장년기 전후를 지켜보며 끗발을 끌어다 대어 추어주신다. 새치가 희끗희끗한 제자들 모습에 당신의 여정이 투영되는 것이리라. 그래서 나는 가슴이 먹먹하고 눈물이 그렁하다. 스승 앞에 한껏 웃고 있지만, 속으론 미주알고주알 고하며 끼욱거리는 것이다. 그 끗발 때문에. 그 옛날 어린 제자들에게 잘하는 것이 무엇이라고 심어주지 않으셨더라면, 그리고 그 맛이 무엇인지를 일찍이 느끼게 하지 않으셨더라면 이 멋진 단어 하나에 가슴 젖을 일이 무엇이며 인생을 걸 이유가 무엇이랴.

화투패도 뗄 줄 모르는 내가 그 말에 흠씬 취해 흐뭇해하고 있는 사이 술병이 쑥 내려갔다. KTX막차 K의 특실표도 싹 날아갔다. 아쉽지만 은사님을 먼저 모셔다 드리고, J도 전철역에 떨구고, K는 수원역까지 데리고 가서 열차를 태워주었다. 그리고 나는 더는 걸음을 뗄 수 없어 택시로 집에 왔다.

얼마 후, K의 문자 한 통이 날아들었다. '대전역 0시 0분 도착.' 피식 웃음이 샌다. 스승에서부터 일행을 대취하게 만든 그 날 밤, 나는 오가피주로 끗발 날렸다.

— 《문학이후》 2015. 여름호

정점 頂點

피었다. 큰 품을 드리운 벚나무에 꽃이 만발했다. 고개를 젖혀 둘러보아도 벙글지 않은 송이가 없다. 둥실한 몸통을 찢고 나온 줄기에서도 벙싯 웃고, 아치형 너울의 가지에서도 망울들이 한껏 입을 열었다. 한데도 전혀 수선스럽지 않고 우아한 품격이 느껴진다. 그 아래를 걷는 이들이 죄다 선계仙界의 그림이 된다. 나도 꽃잎을 이고 서성이며 그림 속에 묻혔다가 구경꾼이 되었다가 하는데, 불현듯 뜻을 이룬 사람의 흔흔한 모습이 연상된다. 그것이 묘하게도 팽이 치는 장면과 맞물린다.

팽이를 돌린다. 갸름한 끝점에 쇠 구슬 박힌 나무팽이를 곧추 세운다. 손가락 굵기의 채에 수술을 달아야 짝이 맞는데, 무턱대고 채찍질만 해대서는 팽이가 돌 리 만무하다. 몇 번 뒤뚱거리다가 나자빠지기 일쑤다. 우선 두 손에 기를 몰아 바닥에 세워야 하는데 이 과정이 녹록지 않다. 글 쓰는 사람이 온 정신을 가다듬어 서두를 시작하는 것이나 다를 바 없다.

팽이가 막상 돌기 시작하면 몸뚱이를 채찍으로 돌려쳐야 한다. 섣불리 힘만 써서는 실패하기에 십상이고, 강약의 세기를 조절하며 밑동과 몸통에 고루 반주를 넣어야 탄력을 받는다. 문장의 호흡조절과 크게 차이가 나지 않는다.

그 작은 것을 돌리기 위해 채찍을 든 사람은 등짝이 후줄근해지고 이마에 송골송골 땀방울이 맺힌다. 온몸의 기가 팔에서 손목으로 내리닫는다. 그다음 영육간 최대의 기운이 팽이에 전이된다. 상념의 뜰에 투영되는 물상들이 걸러져 손끝을 통해 원고지에 가 닿는 이치이다. 이러한 조율이 적절했을 때, 고맙게도 팽이는 빙글빙글 원을 그린다. 구상에서 구성으로, 구성에서 문장으로, 그리고 문장을 통한 의미들이 시나브로 글을 끌고 갈 때이다.

이 맛이 쏠쏠하여 팽이 윗면의 나이테를 따라 색을 입히기도 한다. 그러고 나면 색상이 돈다. 둥그렇게 노랑, 빨강, 파랑…. 그 어우러짐이 사람의 정신세계에서 일어나는 심리적 변화로 다가온다. 무無에서 유有를 찾아 형상화하는 작가도 이때는 비로소 자기가 그려낸 생의 무늬를 확인하게 된다. 미온 상태였다가 점차 강렬하게, 그러다가 서늘하게…. 의미의 공간들이 축을 중심으로 자리를 확보한다. 그 언저리엔 아무리 미미한 샛가지들이라 해도 얼씬할 틈이 없다.

팽이의 회전에 가속도가 붙으면 채찍을 쥔 팔의 노동은 한결 줄어든다. 손목의 힘만으로도 가능하여 쉬엄쉬엄 밑동을 건드려 준다. 돌고 있는 것이 그 톤을 유지하게끔, 채찍이란 보조 장치가 있다는 정도만 알리면 된다. 그럼 그 깜찍한 것은 끄떡끄떡하며 맴돌다가 절정에 이른다. 도는 듯 멈춘 듯 제자리에서 반경이동을 하지 않는다. 알록달록한 색상들도 경계를 구분할 수 없게 된다. 채를 든 사람은 물론이고 구경꾼들조차 무아지경에 도달한다. 정점이다. 이를 두고 "동 섰다~!"고 너나없이 환호한다. 팽이치기에서 더 이상이 있을 수 없는 클라이맥스다. 채찍은 이미 무용지물이다.

나는 이제껏, 작가란 모름지기 그만쯤의 정신적 자리에서 노니는 사람으로 보는 데 변함이 없다. 펜을 쥔 사람이 섬세한 정신운동에 의해 새로운 의미와 만날 때 진정으로 글 쓰는 맛을 누리게 된다. 다양한 색상이 입혀진 팽이가 정점을 향해 나아가며 혼합색의 조화를 이루듯, 만 가지 생각이 응집되어 커다란 의미 하나를 이루어내는 동안 고조된 기운이 한데로 몰리지 않는가. 이 기점을 흔히 신들렸다고들 한다.

일반적인 사람들의 삶도 마찬가지이다. 추구하는 어떤 일에 있어 그만큼 열과 성을 다한 후라야 전자에서 맛보는 절정에 도달하리라. 그때까지 얼마나 거친 숨결을 가다듬어야 하겠는가. 생애 어느 과정인들 소중하지 않을까마는, 기쁨의 극점은 누구에게나 존중돼야 할 귀한 자리이다. 인생 전반을 돌아보아도 그러한 날들이 자주 있는 것이 아닌 까닭에 한없이 손뼉 쳐줘도 넘치지 않는다. 그래서 무舞의 경지에서 정점의 환희에 에워싸인 사람의 아름다운 미소 곁에서 경건해진다. 도는 듯 멈춘 듯 덩달아 호응하며 묵시黙視의 결을 읽는 것이다.

— 《에세이문학》 2015. 여름호

5.
시어머님의 이력서

시어머님의 이력서
욕辱말에 스민 속정
밤꽃 필 무렵
빗소리 서곡棲哭
말 외의 말, 길 외의 길
아리랑고개

시어머님의 이력서

—고부 · 1

그분은 왼손 집게손가락 끝 마디가 없으셨다. 충청도 옥천 땅 양반가에서 굽이굽이 산 고개를 넘어 경기도 평범한 집으로 시집왔다는 여성. 태생인지 사고였는지는 모른다. 그분을 세상 저편으로 보내드린 후에야 남편에게 물으니 그이도 모른다고 한다. 자식된 사람으로서 애초부터 관심을 두지 않았다면 화가 날 일이고, 나처럼 차마 여쭙질 못했다면 고개 끄덕여질 일이다. 하나 그는 아들이니 잘 알고 있으리라 믿는다.

첫아이를 낳았을 때 그분의 손을 처음으로 가까이서 뵈었다. 도마질하는 손이 어딘가 불안정하다 싶어 살펴보니, 길이가 새끼손가락만 한 두 번째 손가락을 옹송그려 찬거리를 칼날에 메기고 있었다. 의문은 깊어지고 그 손에 미역국을 받아먹는 게 민망하기까지 하였다.

그분은 내게 시어머님이 되신다. 한데 우리는 고부 그 이상의 관계였던 듯싶다. 나는 시어머님을 인생의 여성 선배로 받들며 많은 것을 배웠다. 전쟁 후 가난을 딛고 일어서던 격동기에 새우젓 한 사발 팔고는 장사라곤 모른다는 맘 여린 분을 성심을 다해 이해했다.

생활고를 면해볼 요량으로, 새우젓 한 말을 받아다가 물을 타서 뒷산 고갯마루에 올랐다고 한다. 그곳에 젓갈 통을 내려두고 너댓 살짜리 딸(내겐 큰 시누이)에게 지키라 하고는, 젖먹이를 업은 채 너머동네로 들어갔다고. 요행히 한 사발을 팔았단다. 그런데 돌아 나오는 발길이 한없이 무겁고, 누군가가 뒷덜미를 자꾸만 잡아채는 것 같더라니…. 그길로 돌아와 다시는 그 일에 손을 대지 않으셨단다. 그리하여 시어머님의 장사 이력은 '새우젓 한 사발'이다.

6남매를 키우는 동안 자식 둘이 한꺼번에 상급학교 진학시험을 칠 때면 "잘하고 와라." 하는 걸 인사와는 달리 제발 떨어지길 빌었다는 그 의중을 나는 충분히 헤아렸다. 그런고로 그분은 나를 '딸'이라 하셨다. 내가 그 말씀을 진정으로 믿은 건 아니었으나, 어쩌다 동행이라도 하는 날이면 손수 날라다가 내 앞에 놔주시는 음식을 달게 먹었다. 그런 장면을 노인들이 더러 흘끔흘끔 보았지만 나는 시어머님의 정성을 거부하지 않았다.

혼자 사시는 동안 냉동실에 묵혀둔 떡 뭉치를 꺼내어 "갖다 쪄서 먹어라." 하면 한 번도 언짢은 기색을 하지 않았다. 위가 약해져서 소화를 잘 못 시키는데도 이젠 떡을 못 먹는다고 내색할 수가 없었다. 그분의 머릿속엔 그저 아기에게 젖 물리던 시절의 건강한 며느리가 각인되어 있는데 다른 말이 통하겠는가. 주시는 대로 받아오는 것도 효孝의 한 방법이라 여겨, 늘 잘 먹겠다며 싸 들고 오곤 하였다.

나라고 왜 고부간의 갈등이나 애증이 없었을까. 하지만 매사 큰 곳에 뜻을 두고, 일상은 뛰어넘으려 노력했다. 그분과 나는 그런 관계였다. 이겨보려 하지도 않았지만, 번번이 내가 그분께 져서 토라지고 스스로에게 화해를 청하며 부대껴온 20여 년의 세월….

그 정으로 시어머님의 병석을 오래 지킬 수 있었지 싶다. 같은 여성으로서 젊은 날의 애환을 헤아려드린 것, 그리고 인생의 말로를 이해한 것이 내가 그분 앞에 할 수 있었던 최상의 일이었다. 세상에 났다가 스러지는 모습은 생명 있는 모든 것의 뒷모습일진대, 그 길에서 한 여성에게 마음 편한 자리를 마련해드리고 싶었다. 그 공간이 이 변변찮은 며느리의 품이었다면 그나마 내 시어머님의 복 아닌가.

그분을 보내드린 지 어언 4년, 이따금 풋고추 쫑쫑 썰어 넣어

젓갈을 찌는 날이면 그분 생각에 만감이 교차한다. 춘궁기에 고작 새우젓 한 사발밖에 못 팔아먹은 이력의 맘 여린 여성이 몹시도 그립다. 명절은 물론이고 해마다 5월이 오면, 나는 그분이 계시지 않아 심심하다.

요즘 다시 나라 안팎이 경제적으로 어려운 처지에 놓였다. 아기를 둘러업고라도 일터를 향하려는 아낙들이 또 늘어날 것만 같다. 그녀들의 이력서는 앞으로 어떠한 무늬를 만들며 늘어나려나.

— 《창작수필》 2009. 봄호

욕(辱)말에 스민 속정
―고부·2

 우리 엄마는 욕쟁이다. 말끝마다 이놈의 계집애가 따라다닌다. 방청소를 시킬 때에도, 동생들이 싸움을 해도 내게는 한 바가지씩의 욕이 떨어진다.

 하루는 학교에서 돌아오자마자 엄마가 나를 부르시더니 한참 동안 말씀이 없었다. 그러다가 묵직하게 입을 열었다.
 "이 못된 것아, 이렇게 저희 엄마 욕쟁이라고 써서 선생님께 검사를 받아와?"
 아차 싶어 고개를 돌려보니, 가지런한 앉은뱅이책상 위에 내 일기장이 놓여있었다. 펼쳐진 페이지엔 "잘 쓰고 있네요."라는 담임선생님의 멋진 필체가 빛나고 있었다. 그 후로 나는 한 번도 엄마의 욕바가지를 뒤집어쓰지 않았다.

그런데 결혼을 하고 보니 점잖기 그만인 시어머님이 양념처럼 욕말을 즐기셨다. 며느리가 다섯이나 되지만, 다른 며느리들 앞에선 고약한 말씀 한 번을 입에 올리지 않고 유독 내게만 달리 대하셨다. 별안간 화가 치오를 때는 물론이고, 기분 좋을 때도 그것이 입에 붙어 다녀 나를 어리둥절하게 했다. 누구나 화가 났을 때는 감정이 격해지는 법이니 그럴 때의 언사는 말 삼을 게 못되고, 평상시의 습관을 이야기해볼까 한다.

시집온 지 얼마 안 되어서의 일로, 내 앞에서 윗동서들을 가리켜 '년' 자로 지칭하는 것을 처음 보고 나는 정신을 바짝 차렸다. 이분 앞에서는 누구나 돌아서고 나면 자칫 그렇게 전락하겠구나 싶어, 99점짜리도 아닌 100점짜리 며느리가 되고자 온갖 애를 썼다. 그러면서 슬슬 시어머님의 말씀순화에 들어갔다. 그럴수록 그 거북한 말씨는 자주 거슬렸다.

한 동네에 시아버님 형제 다섯 분이 사시니 큰어머님과 작은어머님, 그리고 사촌들까지 빙빙 돌아 친척인 마을이다. 대부분 친척분들의 말씨는 약간 허풍스럽긴 하나 교양이 흘렀다. 그러나 우리 시어머님만은 눈을 새하얗게 흘기고 미소를 머금으며 그 아름답지 않은 글자를 입에 붙이고 사셨다. 커피를 맛나게 타도 "그년, 그 맛 제법이구나." 하는 등등. 그래도 이런 예화는 지극히 작은 일이고, 병환 중에 병실 사람들 다 듣는 데서까지

나를 향해 막말을 하시니 나도 나중엔 면역이 생겨 웃음으로 대처하였다.

그러는 사이 조카들이 군인이 되고, 내 아이들도 중·고등학생으로 성장하였다. 그날은 시어머님 생신날 아침이었는데 환갑 바라보는 사촌 동서들 앞에서 또 그 얄궂은 말이 내 속을 헤집었다. 욕도 나이를 먹으며 영그는 것일까. 그 사이 시어머님 연세와 비례하기라도 하듯 농도가 한결 짙어져 있었다. 하여 나는 빳빳이 자존심을 세웠다. 이젠 어엿하니 신출내기 며느리가 아니지 않은가. 바짝 약이 올라 한 말씀 쏘았다.

"어머니! 저도 밖에서는 명색이 선생 소릴 듣는 사람이에요. 남의 눈도 있는데…. 이다음 어머니 돌아가시고 나면 사람들 앞에서 엉엉 곡하며 말할 거예요. 제게 욕하셨다고."

크게 용기를 내어 한 말이 끝나기가 무섭게 시어머님의 답변이 속사포速射砲로 날아들었다.

"그래. 욕해라! 이년아. 안성(선영)까지 차로 갈지 상여로 갈지 모르지만 따라오며, 따라오며 시애미가 욕했다고 욕해라, 이년아!"

그 후 나는 1주일간 시어머님께 전화를 올리지 않았다.

"내가 네게 그러는 건 미워서가 아니라, 너는 내 딸 같아서다. 서운해서 삐쳤니? 내가 관심 사려고 하는 애교로 이해해라."

하시는 어른 앞에서 오히려 내가 슬퍼졌다. 하여 "제게 욕할 기운만 갖고 사세요." 했다.

사람이 입말로서 누군가를 놀려먹을 수 있다는 것은 어찌 보면 여유다. 들어줄 대상 없이는 그게 가능한 일이 아니지 않은가. 그리고 다른 한편의 기운이다. 입으로나마 남을 골려주는 것이 무기력 상태에서라면 어디 할 수 있는 일이던가. 시조에 능한 가람 선생도 울안에 연꽃이 피면, 수우재守愚齋로 정지용, 이태준 등의 제자들을 불러 앉히고 육담을 즐기며 연엽주를 기울였다고 하니, 그런 언행 속에는 야릇한 쾌감 같은 것도 존재했던 듯싶다.

이처럼 사람과 사람 사이 오고가는 말씨에서는 인간살이의 속정이 물씬 묻어난다. 아무래도 면대면의 걸진 말씨가, 남의 허물 헐뜯는 것보다는 훨씬 우위이리라. 오죽하면 우리의 선조들은 설에 세배 온 사람들을 사랑에 둘러앉히고 덕담으로 욕을 내렸다는 말까지 전해올까. 아마 시어머님도 그러한 맥락에서 내게 그토록 담금질을 시키신 것은 아닐지.

흐르는 시간 속에 그분이 가신 지도 어언 3년이다. 그사이 나는 시어머님의 입장에서 세상 보는 눈이 조금씩 트여간다. 지금쯤 당신이 계시어, 그 어떤 고약한 재담으로 나를 골리신대도 눈 하나 깜짝 않을 배짱도 생겼다. 게다가 요즘 이상한 버릇이 더해져, 점점 일반인들의 입말에 맛을 들이고 있다. 재래시장통 사람들의 걸은 입담에 말려들어 멀뚱멀뚱 서 있거나, 노인들이 시원스레 쏟아내는 욕에 관심이 쏠린다. 언어를 갈고닦아 예술적으로 승화시켜야 하는 사람이 이 무슨 변화인가. 이러다가 내가 그만 어설픈 접신 모양으로, 시어머님을 쏙 빼닮아버리는 것은 아닌지 적이 우려된다.

— 《휴먼메신저》 2008. 가을호

밤꽃 필 무렵
―고부·5

밤꽃 필 시기엔 비가 많다. 하여 마늘이며 감자 캐는 손이 바쁘다.
 형님네 농장에서 땅거미 질 때까지 열무 작업을 하고 헐레벌떡 올라왔으나 대문 안엔 어머님이 계시지 않았다. 아버님 산소가 모셔진 산밭에서 아직 내려오지 않은 것이다. 나는 무섬증이 있는 어린 두 아이만을 집에 둘 수가 없어, 앞세우고 걸음을 재촉하며 산밭을 향했다. 밤꽃 냄새 내려앉는 어둑한 밭고랑에 어머님이 쭈그리고 있다.
 "저물었는데 내일 하시지 않고요."
 "곧 장마가 온대잖냐? 대구 애기 백일에도 다녀와야 하고."
 그 말씀에 나는 할 말이 없어졌다. 절간에서 행자 생활을 하던 여성을 큰스님 주선으로 넷째며느리로 맞았으니 어머니에게 있어 그녀는 부처님이나 다름없는 위치에 있다. 하지만 내게는 아랫동서요, 어머님으로서는 만만하게 여겨도 될 며느리다. 그러나 사람은 환경의 지배를 너무도 쉽게 받는다. 집안에서 아예 그녀를 큰스님보다도 우대하니 말이다. 설사 그렇지 않더라도 바로 윗동서로서의 내 눈엔 그렇게 비치니 분명 시샘이라면 시샘이리라.

날은 점점 어두워져 이젠 아예 어느 것이 마늘이고 어느 것이 돌멩이인지 구별이 가지 않았다. 나는 울컥하는 서러움을 호미에 실었다. 반은 선걸음으로 성큼성큼 호미질하며 손끝의 감각으로 동글동글한 것이면 무조건 캐냈다. 작은아이는 아예 흙에 주저앉아 처분만 바라고, 일곱 살짜리 큰애는 일을 거든답시고 바닥에 캐놓은 것들을 플라스틱 그릇에 주워 담는다.

겨우겨우 포대에 여미어 이고 지고 돌아오는 발길이 천 근이다. 장마에 대비한다는 말은 하나의 구실일 수 있다. 발등에 불 떨어진 모양으로 서두르지 않아도 된다는 얘기다. 다가오는 손자 백일에 가시려고 그렇게 일을 몰아서 한 것을 내가 왜 모르랴. 전등 아래 토방에다 짐을 부리고 보니 과장하여 마늘 반, 돌 반이다.

"응, 대구 갈 때 쓰려구."

늦은 설거지를 마치고 들어오니 어머님은 새 양산을 매만지며 역시 대구 아들네에 전화 넣어보라 하신다. 번호를 돌려드리니 무어라 몇 말씀 나누다 말고 조용하시다. 그리고는 전화기를 밀어놓으며 벽을 향해 모로 누우신다. 아예 내 얼굴은 보지도 않으려는 듯. 왜 그런지 묵시할 나도 아니어서 여쭈니, 부처님으로 알았던 며느리가 단칸방에다 날 더운데 어딜 오시냐고 했단다. 올라와 백일잔치를 하고 가라는 말에도 대답이 시원찮고.

동서가 어머님을 몰라도 너무 몰랐다. 멀리 사는 아들네 살림살이 구경도 한 번 하고 한창 젖살 오르는 손자도 보고 오려 한 것을 미처 헤아리지 못한 처사였다. 그리고 이곳에 집안사람이 많으니, 아들네가 올라오면 이 사람 저 사람에게 손자 자랑할 마음에 가슴 한껏 부푸신 것을 알아차리지 못한 것이다.

나는 애나 어른이나 토라져 말이 없을 때를 무척 거북해한다. 스스로 풀릴 때까지 두고 보는 성향이 못 된다. 사람과 사람 사이에 얽힌 불편 요인이 뭔가를 알아보아 얼른 해결점을 찾아 제시해야 마음이 편타. 하여 동서에게 재차 전화를 걸어 어머니 의중을 전하였다. 새 양산까지 사놓고 기다리신 분이라는 점을 강조했다.

그로부터 며칠 후 동서 가족은 아기를 데리고 올라왔다. 나는 큰동서와 수원장을 보아다가 집에서 음식 장만을 하여 큰 손님을 치렀다. 스님이며 사돈네가 다녀가고 한마을에 사는 일가들이 수십 명 몰려와 아기를 보고 갔다.

　그러는 사이 평소 몸 관리를 잘해야 하는 우리 큰애는 피오줌을 눴다. 핏빛! 앵두빛깔이었다. 나는 무너졌다. 사랑방 구석에 웅크리고 토하는 내 오열을 아무도 동조하지 않았다. 사업에 미친 남편은 1주일에 한 번이나 올까 말까 한 처지이니 나 혼자 이런저런 일들을 감당해야 했는데, 그때는 시어머님도 윗동서도 나를 이해하지 못했다. 설령 남편이란 사람이 곁에서 지켜보았다 해도 아무런 도움이 되지 않았을 것은 자명하다. 그는 그 무렵, 내게 다정하다가도 자기 혈육 앞에서는 안사람을 몸종 대하듯 하는 언사가 자연스러웠으니까. 뿐만 아니라 그다지 내세워지지 않는 한 가문에서 그러한 권위가 풍속이라면 풍속이었으니까.

　그 길로 큰아이는 대학병원에서 1주일간 입원치료를 받았다. 신장 담당의로부터 한심스러운 엄마란 취급을 받으며 나는 아이를 살렸다. 어머니는 "너 병원에서 살 거니?" 하며 호통이시고….

　지금도 그 일만 떠올리면 가슴이 에인다. 세월 속에 그날의 아찔한 순간을 곧잘 잊고 살지만 탱글탱글한 햇마늘을 보면 회한의 물결이 인다. 나를 누르고 주변 살피기에 급급했던 지난날들로 목이 먹먹해진다. 다시 그런 처지에 놓여 시집살이하게 된다면, 슬금슬금 꾀도 피며 내 자식을 조금은 더 아낄 수 있을 것 같은데….

하지만 몇 세기가 흐른다 해도 사람 간의 주변 헤아리는 덕목은 크게 달라지지 않을 듯싶다. 특히 암암리에 이어져 오는 여인네들의 평행선은 무언의 약속과도 같다. 그 견고한 질서 속에서 화합의 노래는 울려 퍼질 테니까.

세월이 이만치 비낀 지금 내 젊은 날의 이야기에 귀 기울이는 남편은, 마치 남의 과수댁 이야기를 훔쳐 듣는 표정이다. 만면에 미소를 띠고 "…언제? …그랬어? …으응." 하며 심심찮게 응수한다. 꼭 먼 길을 소풍 다녀온 사람 같다.

—《창작수필》 2009. 가을호

빗소리 서곡棲哭

—고부·6

　빗소리엔 소식이 묻어온다. 보슬비 내리는 날이면 오랜 벗이 다가와 귀엣말을 할 것 같고, 소나기 내리는 날이면 정애에 겨운 이가 다짜고짜 달려와 와락 안겨들 것 같다. 그리고 굵은 빗줄기가 사나흘 이상 이어지는 날이면 안팎의 걱정거리들이 여과 없이 고개 들어 고요의 뜰에 크고 작은 여울을 만든다.

　봄비 부슬거리는 날, 전화기로 들려오는 친구의 목소리가 격앙되어 있었다. 웬만해선 자기감정을 드러내지 않는 동창생인지라 수상쩍은 마음에 급히 찾아갔다.

　재봉틀을 돌려 가게를 꾸려가는 친구는 여전히 반지하공장에서 실밥을 몸에 묻히고 있었다. 그래 봬도 서울 중심부 몸담고 있는 작은 건물이 그들 부부의 빌딩이다. 아래층엔 다락 딸린 봉제공장을 꾸미고, 위층엔 살림집 규모를 갖추어 지금껏 지내

오고 있다. 크게 벌지는 못해도 부지런히 일하여 남매를 대학공부 시키는 부부의 소박한 모습은 구순하니 유해 보여서 좋았다.
 그런 친구가 몹시 당혹스러워한다. 일찍이 홀로 되어 식솔들을 건사해 온 시어머님이 그만 극약을 드셨다고. 다행히 빨리 손을 써서 회복 중이긴 하나, 자식들 앞에 극단적 행동을 보인 어른에 대해 놀라움을 누르지 못한다.
 사연인즉, 노모를 모시고 사는 쪽은 맏이였다. 결혼 초부터 자녀들이 출가할 때까지 맞벌이하며 함께 살았다고. 그러는 동안 고부간에 쌓인 감정이 산을 이루었던 모양이다. 벼르고 벼르다가 곪은 상처를 맏며느리가 터트리고 말았는데, 요要는 어머님과 따로 살아보겠다는 것이었다.
 그러나 노모는 체면이 우선이었다. 시집와 이제껏 터를 이루고 살아온 동네에서 다 늙은 80줄의 몸으로 어떻게 따로 나느냐는 주장이다. 입장 바꿔 생각해봐도 응당 그럴 법한 지론이다. 체면에 살고 체면에 죽는 우리들 어버이 세대에 있어 남의 이목이 가장 큰 문제이지 않은가. 얼마나 암담했으면 스스로 목숨을 끊으려 했을까.
 친구는 이때처럼 깊은 한숨을 내쉰 적이 없다. 당장 시어머님을 모실 수 없는 옹색한 생활이 그저 한스러울 수밖에. 그나마 어른이 몸은 성하시니 독립시켜 드릴 수는 있는데, 장남과 함께 살아야 한다는 고정된 틀에서 티끌만치의 양보도 없어 방법이 묘연하다 하였다. 나도 별달리 신통한 해결책을 내지 못하고 쓸쓸히 돌아서 왔다.

그 후 며칠, 연일 장대비가 쏟아진다. 하늘의 걱정이다. 체면을 저버릴 수 없는 어머니들의 핏빛 눈물이다. 그 진액이 속울음 속에 묽어질 대로 묽어져 하염없이 흐르는 것이다. 어디 그뿐인가. 가슴에 숯검정을 안고 살아가는 숱한 자식들의 애증이며, 이들을 지켜보는 제3자의 안타까운 마음이다.

나도 한 가문의 며느리로서 녹록잖은 시어머님을 받든 적이 있다. 좋아하는 사람과 싫어하는 사람을 극명하게 드러냈던 것이 그분의 특색인데, 맏며느리와는 한시도 함께 있길 거북해하여 홀로 본댁을 지키셨다. 한 해에 대수술이 세 번이나 이루어진 겨울날, 들판 외딴곳에 사는 맏이 내외가 큰맘 먹고 가슴을 열어 모시기로 했다. 하지만 어머님은 고작 1주일을 넘기지 못하고 엄동설한 속에 휘이휘이 눈길을 가로질러 본댁에 드셨다. 홀로 텔레비전을 보다가, 경전을 읽다가, 화투패를 떼다가 하며 끝까지 당신의 보금자리를 뜨지 않으셨다. 씨족이 모여 사는 마을에서 이웃의 시선이 고울 리 만무했지만, 그쯤의 눈총에 아랑곳하는 분이 아니었다.

더러 냉기가 도는 방바닥을 만지며 "꼭 이러고 싶으셨어요?"

하면, 어머님은 빙그레 웃으며 "냅둬라, 극락이 따로 없다!" 하셨다. 거추장스러울 것 없이 당신 놀고 싶을 때 놀고, 눕고 싶을 때 눕는 곳을 최고로 치신 어른…. 그때만 해도 나는 사람 관계를 왜 거추장스럽다고 여기는지가 의문이었다. 그러면서 알 듯 모를 듯한 그분의 심정을 조금은 떼어놓고 이해했다.

그런데 세월이 몇 해 더 흐른 이즈음에는 알 것 같다. 내 시어머님이 선택하신 길이 어떠한 길이었는지를. 앞으로 나도 언젠가는 시어머니가 될 터인데, 그때 나아가야 할 방향에 대해서도 미리 생각해 보게 된다.

누구나 거쳐야 하는 삶의 여정. 그 기울어가는 인생길에서 '체면 중시형'이 되어 안으로 상처를 키울 것인가. 마음 가는 곳을 우선으로 치는 '극락형'이 되어 대자유를 선언할 것인가. 이도 저도 아니면 한 단계 더 초월하여 이쪽저쪽을 고루 아우르는 '배려형'이 되어 총기 있는 노년을 영위할 것인가. 이왕이면 어느 한쪽으로 치우치는 길보다는 이성에 밝은 배려형의 길을 가면 더할 나위 없겠다. 심신이 건강하여 영육간의 추를 바로 놓을 수 있는 길 말이다.

한데 근래에 들어 자주, 고독을 등에 지고 화투 패를 떼시던 시어머님의 영상이 되살아난다. 찻잔 대신하여 경전 한 권을 찻상에 받쳐놓고 극락이 따로 없다던 일갈이 제법 근사하게 나를 잡아끈다. 사람의 진정한 행복은 '정신적 자유'라는 시공간에 깃을 내리고 있지 않은가. 등잔 하나 밝혀둔 황토 골방에 들어서라도 무한대의 정신적 활동이 이뤄진다면 육신이 사해四海를 넘나드는 것과 무엇이 다르랴.

개굴개굴 개 굴…. 아직도 밖엔 빗소리 요란하다. 고부간에 안섶 열어젖힌 친구네가 그저 걱정이다.

— 《한국 동서문학》 2013. 봄호

말 외의 말, 길 외의 길

―고부 · 7

한 여성이 적適을 옮겨 앉아 다른 가문에 뼈를 묻기 위해서는 그 과정에 맹훈련이 따른다. 첫째로 윗사람 알아 모시기, 둘째로 자식 실하게 낳아 대 확실히 이을 것, 셋째로 남편 중심으로 연 닿은 자리자리 엽렵하게 살필 것. 그 밖에도 어른들 말귀 잘 알아들을 것 등등. 나는 큰아이 스물여덟인 이제야 고백인데, 위의 예 중에서 말귀를 잘 못 알아들어 애를 먹은 일이 있다.

오래전, 결혼을 앞둔 상견례 날부터 적잖은 고심거리가 생겼다. 시어머님의 목소리가 아주 작은 데서 오는 우려였다. 곁의 사람 알아들으라는 듯, 혹은 알 것 없다는 듯 의사표시를 소곤소곤하시는 안사돈을 파악한 친정어머니는 내게 단단히 이르셨다.

"그리 화통하진 않을 상이니 네가 그쪽 생활이 어려울 거다."

그러나 나는 지극히 점잖은 집안이어서 그렇지 하고 대수롭지 않게 넘겼다. 하나 막상 이쪽 사람이 되어 사는 길에서는 적지 않은 애환이 따랐다. 시어머님 말씀을 놓치지 않으려면 동동걸음치는 중에도 청각을 곤추세워야 했다.

이래 봬도 결혼 전에는 깐깐한 마음가짐 하나로 일관해온 사람이다. 눈치에 아둔하고 혼잣말로 중얼거리는 것을 별로 좋아하지 않는다. 말을 하면 상대방이 알아듣게 하고 참을 만하면 아예 입을 다물고 만다.

하지만 시집이란 큰 울타리는 자아에 대한 엄살이 통하지 않는 곳이었다. 만약 자존의 날을 세우는 날이면 당장 보따리를 싸야 할 판으로 만만한 게 바깥 화장실이었다. 가옥과 뚝 떨어진 그 독립된 공간에서 속울음을 울며 별의별 결단을 다 내렸다. '사표를 내던질까? 아니지. 여기는 직장이 아니어서 만년 묵어야 하는 곳이지. 벙어리, 귀머거리, 장님으로 3년씩만 보내랬지. 내 뼈를 묻을 곳이라고 친정어머니가 그토록 신신당부하셨지.' 나는 '뼈'라는 상징적 언어에 결박당해 자진해서 두 발목을 묶어두었다.

그러던 어느 봄날, 시어머님의 몸살로 제철 씨앗을 내가 심게 되었다. 한 되가량의 '울타리콩'을 받아든 나는 모처럼 신이 났다. 보자기 두 끝을 허리 뒤로 돌려 묶고, 남은 양 끝엔 돌멩이를 넣어 동여매어 허리춤에 끼웠다. 그리고는 그것에 콩을 쏟아 부으니 금세 훌륭한 씨앗주머니가 만들어졌다.

객지생활을 다소 일찍 시작한 나는 친정어머니의 옥양목 앞치마가 늘 그리웠던 터이다. 그것 속엔 콩 씨며 옥수수 씨며 별의별 희망이 다 들어있다고 여기며 성장했다. 게다가 수확철 갖가지 결실들로 불룩하던 앞치마는 상상만으로도 풍요로운 요람이었다.

마침내 친정어머니의 모습을 재연하기에 이르렀다. 산후풍을 앓아 무릎이 시큰거리는 줄도 모르고 울타리며 담장을 따라 안팎으로 빙빙 돌려 심었다. 나름대로 어릴 적 기억을 살려 폭도 잘 조절하였다. 그리고는 칭찬받을 요량으로 대문턱을 단숨에 넘어 대청마루로 올라섰다.

"어머니! 이제 되로 심었으니 말로 딸 거예요."

시어머님은 잠시 말씀이 없었다. 한 호흡 고른 후에야 놀라움 반, 웃음 반으로 입을 떼셨다.

"얘가 모를 부었나 보네. 두어 줌이면 족할 것을…. 넝쿨은 어찌 다 감당할라고?"

머쓱해진 나는 슬금슬금 뒷걸음질 치며 부엌으로 나왔다.

사람이 허둥대며 낯선 환경에 적응해갈 무렵엔 지극히 소소한 일들이 위안이 되기도 하고 설움이 되기도 한다. 살아가면서 말귀 어두워 일어난 일이 어찌 이뿐이랴. 비 내리던 날의 일화가 바로 그것이다. 함석지붕에 탕탕거리는 빗소리에 취해 뒤란 우물가에서 빨래를 하고 있는데, 갑자기 동창이 열리며 불호령이 떨어졌다.

"얘, 귀먹었니?"

전화 받으란 말을 미처 못 알아들은 데 대한 벌이었다. 그 작은 음성으로 '아가야, 에미야.' 부르다가 얼마나 화가 나셨을까. 나는 몹시 당혹스러웠지만, 그분의 입장에서 먼저 상황을 헤아렸다. 그런데 독자들께서도 한 번 함석지붕에 물 떨어지는 소리를 들어보시라. 다른 소리는 정말 안 들린다. 죄다 빗속에 잠겨 음악이 된다. 그처럼 그 거침없는 멜로디는 그때의 나를 충분히 위무하고 있었다.

한데 이즈음 남편의 의사표시가 도리도리요, 끄덕끄덕이다. 묻는 말에 대답이 없어 살펴보면 미미한 동작으로 고개를 끄덕이거나 좌우로 몇 번 흔들고 있다. 그럴 때면 저절로 새댁시절의 콩 심은 사건이 되살아난다. 콩 모를 솎아다가 밭두둑으로 내어 심던 시어머님 모습이 빙긋 웃고 있는 남편 얼굴에 어린다. 아울러 소나기 세찬 날이면, 빗줄기보다 급하게 줄달음쳐 오던 그분의 작은 음폭이 뇌리를 채우고 '재재재재' 한다. 먼 길 떠나신

지 이미 여러 해이건만 아직도 이 며느리를 향해 걱정이시다.

 여인네들의 시집살이란 말귀만 밝아도 한결 수월한 것을. 말 외의 말을 알아들을 줄 아는 심안心眼만 일찍 뜨여도 세상 살아가는 길이 조금은 넓게 열리는 것을. 나는 언어 이외의 말을 잘 읽어내지 못하여 어안이 벙벙할 때가 있었다. 돌이켜볼수록 고부간의 관계에서 참으로 우직하게 건너온 시간 속이다. 그러한 허점이 어쩌면 내가 택한 또 하나의 길이었을 수 있다. 그분 앞의 귀머거리가 되어서라도, 혹은 덜렁이가 되어서라도 대립을 피하고 친밀을 잣는 넓디넓은 길 말이다.

—《에세이21》 2012. 봄호

아리랑고개

　우리의 아리랑 가락이 유네스코에 등재되던 그해 겨울, 나는 병원에서 생의 고개를 무수히 넘었다.
　정초, 한 점쟁이의 방정맞은 말이 문제였다. 글 쓰는 후배가 단골집이 있다기에 따라붙었던 초행길. 그날 내 또래의 무녀는 전혀 신통해 뵈지 않는 외모를 하고 몇 마디 중얼거렸다. 올해 남편에게 큰 사고가 있을 것이라고. 나는 불쾌한 마음을 누르며, 그가 잘못은 아니지만 며칠 전 출근길에 사중 추돌사고가 있었는데 그 정도로 땜되지는 않겠느냐고 조아렸다. 그러자 그녀는 정색하며 그런 것 같으면 말을 않는다 하였다. 그 남자가 살아있는 것만으로도 감사할 일이 있을 거라는데 더는 고개를 빳빳이 세울 수가 없었다. 애초 이곳에 걸음 한 자신을 탓했지만 그러기에는 늦어, 두 귀에 들어박힌 말의 세력이 몹시도 셌다.

그러나 그때의 불안했던 기억은 오래가지 않았다. 언제 그런 말을 들었느냐 싶게 일상에 파묻혀 봄, 여름, 가을이 갔다. 그리고 첫 추위로 대지가 얼어붙은 겨울의 문턱에서 시댁 큰조카의 결혼식이 있었다. 일이 터지던 그 날은 조카 내외가 신혼여행에서 돌아왔다며 저녁이나 한 끼 함께 해 먹자는 제안을 받아, 나는 시댁에 들어가 있었다.

그날 아침 남편은 선산이 있는 안성을 향했는데, 여분의 땅에 마늘 농사를 시작하고 보니 보온 덮개가 모자라 덮지 못한 자리를 마저 손보기 위한 까닭이었다. 그러나 그는 오후 중참 때가 되어도 돌아오지 않고, 전화를 걸자 짜증을 내며 운전 중이니 끊으라고만 했다. 늘 듣는 어투지만 나는 또 혼자서 가슴을 쓸어내렸다. 결혼 후 아무리 용을 써 봐도 고쳐지지 않는 퉁명스런 언사가 고운 남편 쪽에 못 드는 그의 결격사유 중 하나인데, 사람이 살아가면서 변치 않는 것이 마냥 좋은 것만은 아닐 터이다. 선의의 거짓말 한 번 할 줄 모르는 고지식한 버릇과 말로써 손해 보는 일이 태반인 그가 아내 알기를 반상의 시대에 심복만도 못하게 여기니, 거기에 대고 무슨 말이 필요하랴. 그러느니 내가 속말을 꿀꺽꿀꺽 삼키기에 이르렀다.

그런데 그가 그만 허리가 꺾였단다. 만신창이가 되어 현관문을 열며 쓰러졌단다. 아들 형제가 흙투성이가 된 아빠의 옷을 갈아입혀 인근 병원 응급실로 데려갔단다. 돌아오는 차 안에서 별의별 생각이 다 들었다. 요즘 들어 그는 변덕이 심하고 판단력 흐릴 때가 여러 번이지 싶었다.

만성신부전증으로 고생하는 큰애에게 너무도 일찍 위기가 닥쳐 수술을 받아야만 하는 처지에 이르렀다. 신장이식이냐, 혈액투석이냐를 놓고 부모인 우리들은 받아들이질 못하고 있었지만, 중학교에서 생물을 가르치는 아이는 엄연한 현실이라고 의연하게 설득했다. 그렇게나마 버티어주는 자식이 고마웠다. 다만 공여자의 입장이 되어주어야 할 남편이 얼른 마음을 다잡지 못하는 점이 서운할 따름이었다. 자식이 그러하건만 어미인 내 몸은 이미 적색 신호가 온 터라 아무 쓸모가 없고, 아이와 혈액형이 같은 남편은 아이의 처지를 받아들일 수 없어 끝 간 데 없이 방황하고 있었다. 병원에서 받아온 자료를 눈앞에 보이며 일일이 설명을 해도 그는 극구 외면하려 했다. 나 혼자 낳아서 데리고 온 자식 모양으로, 남편은 현실을 부인하려 드는 어린아이에 불과했다. 암암리에 몰려오는 두려움을 이해 못 하는 바 아니지만, 아버지로서의 우직한 힘이 그때는 전혀 보이지 않았다.

살아가면서 가족 간의 신뢰와 멍에란 무엇일까. 나는 적당히 엄살떨고 누구 앞에 투정부릴 새가 없었다. 4인의 가족이 한 집에 기거하며 온 정신을 모아도 모자랄 때 아이들의 아빠라는 사람이 오간 데 없어졌다. 정신분열이 일어난 듯 뒤죽박죽된 늙수그레한 남자 하나가 직장과 집 사이를 왔다 갔다 하고 있었다. 그때부터 나는 더욱 정신을 차려야 했다. 남편과 눈만 맞으면 우리는 지금 서로의 기운을 한데로 몰아가도 모자랄 때라며 달래고 또 달랬다. 그러면서 금세라도 주저앉을 것 같은 나를 다잡기에 여념이 없었다. 감정의 흐름대로 나마저 정신 줄을 놓았다가는 이 사태를 누가 어찌 수습한단 말인가.

아이가 다니는 병원에 가서 두 사람 간의 조건이 맞는지 검사만이라도 해보자 하는데, 그는 겉돌고 있다. 그러는 사이 아이의 남아있는 신장 수치는 거의 바닥을 치고…. 저라도 나서겠다는 작은아이는 흉기를 든 강도도 때려잡아야 하는 경찰관의 길을 갈 몸이기에 어미로서 마땅히 막아서야 했다.

그러던 터에 그나마 가장의 길에서 그가 내려앉고 말았던 것이다. 간밤의 비로 언 땅이 녹아 미끄러졌나 싶은 반면 일각이 여삼추로 불안과 원망이 엄습했다. 그러다가 불현듯 뇌리를 스치는 정초의 점괘 한 마디가 되살아났다. 그때부터는 얼른 마음을 바꿔먹었다. 더 크게 상하지 않은데 감사하자는 바로 그것. 그가 누구인가. 우리 집 보증수표란 말이다. 아빠가 건재해야 아이가 기운을 차릴 수 있지 않겠는가.

남편은 어처구니없게도 하다 만 밭일은 손도 대지 않은 채,

안개 자욱한 산길의 겨울 감나무에 올랐다가 변을 당했단다. 집에 살펴야 할 아이가 있지만 나는 병원에서 남편을 돌봤다. 아이에게는 "사람마다 타고난 좋은 기운이 있는데, 엄마는 너의 그 놀라운 기운을 믿는다."고 엄포를 놓고 남편의 병상을 지키며 그를 일으켜 세우고자 무진 애를 썼다. 낮에는 병원 창밖으로 들어오는 눈 쌓인 공원을 바라보며 초침을 세워두고, 밤에는 역시 공원에 설치된 전등 분수에 마음을 얹으며 천천히~ 천천히를 뇌었다. 시간이 빨리 흘러야 남편이 회복되겠지만, 아이에게는 시간이 더디 가야 그나마 이로울 일이었기에 나는 가슴속의 이 고개 저 고개를 넘으며 사연을 녹이고 한숨을 걸렀다.

무심히 걷는 길에서 숨 가쁘게 오르는 길은 허다하다. 급경사로 오를 땐 막막하고 힘겹지만 호흡을 가다듬어 어렵사리 넘어섰을 때는 새로운 가락이 다시 길을 연다. 이 맛에 우리의 선조들은 안섶을 적시며 아리랑 곡조를 읊조렸으리라.

이듬해 초봄, 우여곡절 끝에 걸어 돌아온 아빠 앞에서 아이는 기다란 몸을 일으키며 씨익 웃었다.

— 《그린에세이》 2015. 5월호

6.

절리에서 생生의 물결을 보다

똑똑!
절리에서 생生의 물결을 보다
직공織工의 방
엄마는 스물 한 살 새댁이었다
순환順換의 톱니
주춧돌
여공들이 만든 노래
샘과 도랑과 빨래터와
황무지

똑똑!

똑똑!
 현관문 두드리는 소리가 딱 두 번 들렸다. 의아해 대답할 새도 없이 낯익은 경비원이 중저음 목소리로 "제가 저승사잔데요~." 한다. 기겁하여 되묻지도 못하고 몸을 움찔했는데 단박에 잠이 깼다. 너무도 진지하고 또렷한 한마디, 저·승·사·자! 흔히들 귀신이 활동하기 좋은 시간을 신 새벽이라 하는데, 요행히 그 시간대는 면한 다섯시 오십 분이었다.
 잠결에 숨 막힌 일도 딱히 없고, 단적으로 무슨 꿈인가 지나가긴 한 것 같지만 또렷하지 않다. 하지만 덜컥 겁이 난다. 생이 다할 때 실제의 저승사자도 이렇게 다정하게 찾아올 수 있다는 것을 인지하게 된다. 그래서 내 어머니도 수많은 사람들도 선선히 따라나설 수밖에 없었으리라는 생각이 든다. 우선 식구들에게 길조심을 시켜야겠다. 나도 부득이 외출할 일이 있는바, 작은 눈을 부릅뜨고 사방을 살피며 다닐 일이다.

그는 정작 무슨 말을 하려 했을까. 뭘 그리 조심스레 자기가 저승사자라고 운을 뗐을까. 자주 겪는 악몽이나 가위눌림도 없이 잠자리가 지극히 평온했는데, 단박에 정신 들게 하는 이 조짐을 해석하기가 어렵다. 그냥 아전인수 격으로 풀이하면 아침 일찍 일어나 글을 쓰려 하는 정신에 채찍을 가하는 것일지도 모르겠다.

의식이 그 낱말에 물린 나는 바로 누운 채로 꼼짝하지 않았다. 골똘히 촉을 세워도 얼른 가닥이 잡히지 않는다. 궁리하는 몸짓으로 모로 돌아누워 본다. 긴 숨이 토해진다. 이성으로 바로 판단하여 문장을 쓴다는 사람이 이 무슨 괴이쩍은 행동인가. 그래도 이럴 때는 본능대로 움직이는 소인小人에 불과한 것이나. 그러다 보니 자연적 귀에 익은 그 목소리를 추적하게 된다. 이 아파트에 이십 년째 사는 동안 여러 경비아저씨들이 이런저런 사정으로 그만두긴 했다. 건강해도 나이가 차서 밀려난 이가 있나 하면, 비교적 젊어도 건강이 문제 되어 스스로 포기하지 않으면 안 되었던 사람이 있고, 또 주민들 의견에 따라 일을 접은 이들도 있다.

아무리 기억력을 동원해 봐도 이곳에 머물던 경비원은 아니다. 매우 친숙하게 지낸 사람인데 혹시 아기들 키우며 산본 소형아파트에 살 때의 경비아저씨는 아닐까? 엘리베이터가 운행되지 않는 삼층에 살던 우리들은 종종 무거운 것을 들어 올릴 때가 있었는데, 그럴 때면 손수 나서서 거들어주던 노신사가 간밤의 그 남자 같다. 내게 남동생이 여럿 있어 전역 후 양복 한 벌 사 입히고 들락거리다 보면, 친절히 불러 세워 넥타이 매는 방법부터 살펴주던 양반. 갑자기 불구가 되어 사위 등에 업혀 내리는 내 친정아버지를 보며 단숨에 달려와 택시 문을 열어주던 배려 깊은 어른. 그 인자한 얼굴에 잔주름 지던 것으로 보아 지금쯤엔 이 세상에 존재하지 않을 가능성이 높다.

한나절이나 지났는데도 꿈속의 노크 소리가 생시처럼 나를 점령한다. 이사 온 후로 전혀 돌아볼 새 없이 지나온 자국들이 한꺼번에 밀려온다. 그 시간의 분침소리 안에 소중한 흔적을 남기고 잠긴 이들이 하나둘이 아닐 터, 실로 묘한 일이다. 왜일까? 그는 내게 결정적으로 무슨 말을 하려 한 것일까. 옛사람과의 해후로 반가워하기에는 석연치 않다. 청탁원고 마감일을 앞두고 컴퓨터 앞에 늦게까지 있다가 잠든 나를 그렇게 놀라게 하여 깨운 연유가 무엇이란 말인가. 간밤, 내 손으로 쓰는 아이의 병리 기록을 들여다보며 가슴 먹먹해 했는데 혹시 그 여파일까.

큰아이는 두 돌을 갓 넘긴 여름, 심한 열병을 앓아 생사의 고비를 오르내린 일이 있다. 종합병원에 입원해 있었지만 의사 선생님이 바쁜 날이면, 축 늘어져 링거 꽂은 아이를 안고 외래병동 복도를 수없이 지나다녔다. 그럴 때면 진료를 기다리는 사람들의 시선이 다 내게로 쏠렸는데 스물여덟의 엄마는 그런 것에 연연할 새가 없었다. 이것이 아이를 살리는 길이었고, 품 안의 아기가 기어이 원래대로 회복되어야만 하는 것이 내가 보탤 수 있는 기운이었다. 내부 장기가 급성으로 제 기능을 못 해 사경을 헤매고 있다는 말은 의료진의 견해이고, 젊은 엄마에겐 더 이상의 사태란 절대로 있을 수 없는 일이었다. 그래서 직면하는 상황 모두는 병세가 나아가는 과정으로 아이가 침착한 거라고 믿고 또 믿었다. 인생을 더 살아본 어른들이야 눈치가 달라지고 혀를 내둘렀지만, 내게는 아이가 잘 회복되어 가지고 놀던 장난감과 책을 마구 주물러댈 거라는 확신 하나뿐이었다.
　아이는 열흘간의 큰 고비를 넘기고 말문이 열리면서 눈에 띄는 숫자를 또랑또랑 읽어나갔다. 동요도 불러대기 시작했다. 이 아이를 위해 젊은 의사들은 오가며 청진기를 들이댔고 병원엔 순식간에 신동이라 소문이 났다.
　지금 그 아이는 어엿한 과학교사가 되어 내 곁에 있다. 몇 번인가 가슴 철렁한 때가 있었지만 그때마다 이 어미는 유아기의 그 날들을 떠올리며 힘을 얻었다. 더 깊이 들어가 보면 아이 세 살 때의 그 일도 미리 예시를 통해 전달 된 바 있는데, 어미가 우매하여 알아차리는 데 오래 걸렸다는 생각이 든다.

저승사자라는 형상을 처음 본 것은 32년 전의 일로 산후 사흘째 된 날 밤 꿈에서였다. 퇴원하여 집에서 자는 첫날 밤에 검은 도포에 갓을 쓴 건장한 남자 둘이 내 아이에게 색동두루마기를 입히고 있었다. 아무리 나이 어린 엄마이기로서니 그것이 무얼 의미하는지 모를 사람이 어디 있겠는가. 나는 '안돼요!' 하고 있는 힘껏 소리치며 그 알록달록한 것에 한쪽 팔을 낀 아기를 덮치듯이 빼앗아 안았다. 순간 몸에 후끈 불이 났다. 해산바라지 오신 시어머님이 며느리의 고함에 놀라 내리치신 것이다. 그 손길에 볼기짝을 한 대 얻어맞긴 했지만, 가히 저승사자와 대적하여 아기를 지켜낸 희열은 지금껏 그 무엇과도 견줄 수 없는 일이 되었다.

어쩌면 잠재의식 속의 이 꿈이 내면에서 차츰 성곽을 이루어, 그 내성으로 아이를 건사해낸 것은 아닐까. 자신도 미처 깨닫지 못한 모성의 원동력을 요즘 와서 조금씩 헤아려보게 된다. 딱 잘라 설명하기는 어렵지만 그러한 기운들이, 아이와 함께 살얼음판 디딜 일이 생길 때마다 적잖은 위안으로 나를 감싼다.

그리고 보면 지난밤 들려오던 중저음의 목소리는 그나마 크게 위협적이지는 않은 것으로 미루어, '그대들, 안녕하신가요?' 하는 안부 정도로 힘 꺾인 사자使者 님의 애교라 쳐 두자. 어수룩한 풀이대로 그렇다고는 하나, 더러는 다감한 목소리가 강성을 누를 때가 있으니 온전히 마음 놓을 일은 아니다. 똑똑!

—《인간과 문학》 2016. 봄호

절리에서 생生의 물결을 보다

 그 섬, 길 열렸다. 여러 번 갔어도 섬에 직접 닿아보질 못했는데, 마침 썰물이어서 조개껍데기 길을 걸어 그곳에 갔다.
 섬이 가까워질수록 드러나는 절리층이 짙은 갈색으로 발바닥을 자극한다. 묻어둔 내면의 울림이 고개를 든다. 어디서 보았더라. 어디서 걸었더라. 유명세를 탄 바닷가의 관광지 말고 사람들이 벌떼처럼 모이는 왁자한 곳 말고 소박하다 못해 아슬아슬해 가슴 저린 그런 곳 있었는데, 그래서 이렇듯 머뭇머뭇 모난 면을 밟으며 서성이고 있는데 파도 소리 철썩이며 밀물을 재촉한다.
 사나운 폭풍우에 쓰러진 나무는 소금기 절은 바위에 거대한 둥치를 맡기고 있다. 흙에 엉거주춤 붙어있는 뿌리도 머잖아 분리되고 말 것이다. 그러면 나무는 얼마간 안간힘을 쓰다가 바람부는 대로 데굴데굴 굴러서 물살에 휩쓸리겠지. 붉은 뿌리 감쌌던 자리에도 빗물 흘러내려 바다로 흡수되겠지. 그렇게 풍화작용에 의해 드러나는 땅의 뼈대를 작은 섬 찾아가는 길에 거듭 확인한다. 섬이 점차 침식되어가고 있다는 확실한 증거 앞에서 다독여둔 생의 물결을 만난다. 어디선가 분명 보았다. 언젠가 분명 걸었다. 그곳이 어디인지가 의문인데, 근래에는 산길을 걷다가 드러난 암석층에 가슴 설렐 때가 몇 번 있었다. 특히 계곡과 계곡 사이의 뾰족뾰족한 돌기를 만날 때 그 매끄럽지 않은 길이 왠지 좋았다. 마치 반가운 사람을 만난 것처럼 가슴이 쿵덕거렸다. 그런데 그것이 어떤 연유인지를 미처 알지 못했다.

  섬에서 섬으로 가는 길이었다. 육지와 섬의 통로 시화방조제를 지나 대부도에서 작은 표지판에 마음을 빼앗겼다. '쪽박섬'이란다. 바가지 중에 크게 쓸모가 없고 가장 작은 것을 일컬어 그리 부르는데, 땅에 이런 직설적인 이름이 붙었으니 어떻게 생겼는지 확인해보고 싶어졌다. 그래서 표지판이 가리키는 소로小路를 따라가 보기로 했다. 육지, 그것도 내륙지방의 산골 아이로 자란 내가 바닷가 마을을 둘러보는 것은 생경하기 그만이었다. 주마간산 식으로 해안가를 드라이브하는 것쯤이야 이젠 일상이 되었지만, 소소한 지명에 이끌려 일정을 바꾸기는 흔치 않은 일이다.

얼마쯤 나아가자 '고랫부리'란 이정표가 또 해학을 부른다. 짐작만으로도 지형이 고래의 입처럼 튀어나왔다는 뜻일 터인데 새에게나 어울릴 성싶은 부리를 바다의 생물에 붙였으니 이 지역 사람들의 천부적 비유에 탄복하게 된다.

쪽박섬은 대부도 불굴산 줄기 서쪽 해안에 뚝 떨어져 있는 바위섬이다. 큰길에서 아늑하니 내려앉은 분지 모양의 땅에 몇 채의 민가가 있는데 그 조용한 마을 길을 헤치고 다다른 바다에서는 물소리가 먼저 악수를 청해왔다. 과연 우측에 동동 떠 있는 바가지 하나! 척하니 저것이로구나 싶었다. 만조 때라 다가갈 수는 없었지만, 그 후로 나는 툭하면 이 해안가에 서 있었다. 태양이 이글거리는 여름철에도, 혹한이 몰아치는 엄동설한에도 이곳에 오면 오랜 지기를 만난 양 마음이 편안했다.

고즈녁해서 좋은 섬. 파도 소리, 바람 소리만이 벗하는 쪽박만 한 섬. 세인들에게 크게 호감을 주지 않아도 나름의 몫을 다하며 살아가는 사람인 양 그 품새가 대견하게 와 닿았다. 움츠린 듯 의연한 듯 제자리에서 정성껏 귀한 생명을 품어 키워내고 있을 작디작은 섬. 찾아가는 날마다 물살의 풍요에 젖어 늘 그런가 보다 했는데, 이날은 해안 끝점에서 조롱바가지의 손잡이 쪽으로 살풋 길이 나 있었다. 걸음이 빨라졌다. 물살이 언제 덮칠지 몰라 잰걸음으로 다녀오기로 했다. 더구나 나는 산골 아이의 근성답게 만조와 조금 때를 잘 구분 짓지 못한다. 바닷가에서 자란 지인들이 열심히 설명을 해줘도 그게 잘 이해되지 않으니 과학적으로는 맹추이다. 게다가 겁은 많아 수영도 못하니 자연적 물을 두려워할 수밖에. 그러면서도 모처럼 열어 보인 길을 놓칠세라 섬을 향해 나아간다. 다가갈수록 거북이 한 마리 납작 엎드려 목을 뺀 형상이다. 첫인상 쪽박으로 여길 때보다 가슴이 곱절은 뛴다.

그런데 말이다. 발짝을 내디딜수록 쪽박이고 거북이고를 떠나 머리카락 꺼벙한 늙은 아버지가 거기 있었다. 일하다 힘겨워 몸을 반쯤 뉘이고 쉬는 형국이다. 지게 멜빵을 채 벗어 내리지 못하고 비스듬히…. 농사일에 절어 이발도 제대로 못 하다가 장날에나 매끈하니 미남이 되시던 우리들의 아버지가, 쉬엄쉬엄 숨을 고르며 새 힘을 돋우는 인상착의로 수염조차 덥수룩하다. 절리를 이룬 언덕 위로 성근 잡목들과 소나무가 해풍을 벗하는데 그 풍광에 그만 그렁해진다.

고향 뒷산 길, 구릉을 개간한 서른 개가 넘는 돼기밭에서 아버지는 조심조심 먹을거리를 지고 오셨다. 어머니는 메꾸리를 인 채 고무신이 닳았고, 일곱 동생의 누나인 나는 아기를 업고 양산 받쳐서 샛젖 먹이러 다니느라 허리병을 앓았는데, 그때 그 길에 이런 곳이 있었다. 제대로 걸어야 하는데 중심 잡기 어려위 넘어지기 십상이던 땅의 뼈대. 군데군데 습지대가 있고, 크고 작은 산 도랑을 건너다니려면 피할 수 없던 복병이 바로 돌기 밭이었다. 그렇게 져 나르고 여 나르고 업어 나른 생의 여울목을 이 섬에 와서 만난다. 발바닥을 부추기는 날 선 기운이 오래전의 발걸음과 해후하게 한다. 잊고 살던 생의 물결이 엉뚱한 곳에서 되살아나 일렁인다.

잠깐 사이 밀물이 몰려와 건너온 길의 폭이 좁아지고 있다. 저편 해안에는 이전의 내가 그랬던 것처럼 사람들이 둘씩 셋씩 서성인다. 서둘러 나오는 길에 파도가 친다. 재빨리 이음 길을 벗어난다. 그러면서 자꾸 뒤를 돌아본다. 물에 잠겨가는 비스듬한 절리 층이 무수한 말을 걸어온다. 반드시 어떤 무늬를 그럴싸하게 그려내야만 고운 이름이 붙겠는가. 삐뚤삐뚤 균형이 잘 맞지 않더라도 어느 순간 누군가에게 특별한 울림으로 다가온다면 일품의 주상절리가 되는 것이겠지.

가슴 충만하도록 섬 하나를 안는다. 세월의 뼈대 층간에 고여 있던 잔잔한 물결이 수줍게 미소 짓는다.

— 《에세이문학》 2016. 여름호

직공織工의 방

 그 방을 왜 들여다보았을까. 공주시 유구의 빈집, 대리석으로 잘 지어진 안채 토방에 간장독이 놓였는데 나는 그 뚜껑을 열고 말았다. 물동이만 한 간장독엔 굳어진 결정체들이 하늘의 새털구름을 품고 있었다. 그러다가 기웃하는 내 얼굴도 냉큼 받아들이는 것이었다. 뉘 댁이든 신성시하는 것이 장이고 장독대인데, 언제부터 이 독은 열리지 않았던 것일까. 서둘러 소리 나지 않게 항아리 뚜껑을 닫았다.
 터는 넓지 않지만 한 필지 안에 꽤 여러 채의 집이 밀집되어 있었다. 낙향을 결심하고 제법 쓸만한 집을 구해달라니까 부동산 중개사는 이 집을 안내했다. 그러나 가족들이 고개를 저어 욕심을 내지 않았는데, 혼자 돌아다니던 중에 발길이 절로 그리 닿았다. 낡은 대문을 밀고 들어서자 잘 지어진 안채보다 허름한 이층집에 마음이 끌렸다. 집 뒤로는 가꾸어지지 않은 언덕이 있어 오래도록 방치한 집답게 으스스한 공기도 흘렀다.

그래도 방문을 열어보고 싶었다. 집이란 누군가 살다 떠나고 또 새 사람이 와서 살아가는 것이 기본일 터, 이 집에서도 누군가 살다 갔을 것이기에 두려움 같은 것은 금세 털어버리기로 했다. 구멍 숭숭한 한지 문틀에 수북한 먼지가 비워둔 시간을 말해주는데 스르륵 문을 밀었다. 벽지도 너덜거리고 사람 서넛 누울 법한 방에 안으로 나무계단이 나 있다. 일순 예사롭지 않은 기운이 밀려든다. 짚이는 바가 있어 가슴이 먹먹해진다. 머릿속도 서늘한 바람이 지나가는 듯하다. 베틀 한 대를 놓으면 꽉 들어찰 공간이기 때문이었다.

곳곳의 헛간 채도 여백을 채우고, 뒷간으로 사용했음 직한 움막 앞에는 잡풀들이 무성하여 사람의 키를 넘는다. 이 집을 선택하여 나름의 생활공간을 만들어볼까 하는 궁리로 내 머릿속은 분주했다. 하여 이곳에 살다간 사람들의 애환을 공유하고도 싶었다. 대리석 벽돌로 지어진 안채는 주인집이었고, 다닥다닥 붙어있는 상자 꼴의 집은 직공의 방으로 보였다. 이 여러 채의 집을 깨끗이 청소하고 고운 벽지를 발라 숨결을 불어넣으면 새로워지지 않으려나.

유구는 오래전부터 직물생산이 활발하던 지역이다. 가내수공

업이 성행하던 시기, 나무베틀에 의존한 베 짜기가 일반화되었다고 한다. 거기서 인조견이 만들어지고 전국의 직물사업가들은 그 인조견을 사러 모여들기도 했다는데, 마침내는 유구 전통시장 내에 인조전문상인이 생겨날 정도였단다. 해방 전후하여 강원도에서 이주해온 사람들에 의해 베 짜기가 이루어졌는데, 한국전쟁을 겪으며 평안도 사람들까지 합세해 직물 생산지로 유명세를 탔다고 한다. 그 무렵엔 대체로 가족끼리 일을 하다가 가족 중에 결혼해서 분가하는 사람이 있으면 살림 밑천으로 베틀 한 대를 사줬다는 말이 든든하게 다가온다.

베를 짜는 일은 고도의 기술을 요한다. 그래서 기술자들은 직원에게 기술 전수를 잘 하지 않았고, 또 어느 정도의 궤도에 올라설 때까지 임금도 주지 않았단다. 밥을 먹여주고 잡일을 시키는 것으로 어깨너머 교육을 한 셈이다. 그렇지만 그때 그 직공들의 이야기를 나는 알 것 같다. 한 푼 두 푼 모아 고향의 부모님이나 동생들에게 송금되던 사정임을 헤아리고도 남을 일이다. 그러면서 눈썰미 있게 기술을 터득해갔을 것이다. 이전의 일을 기억하는 사람들을 만나면, "예전엔 유구장에 시퍼런 만 원짜리가 너풀너풀 날아다녔지!" 한다.

한낱 소도시급의 동네에서 이렇게 직물 보급에 일조를 할 수 있었던 것은 재래식 베틀에서 바디가 쇠로 바뀌는 연구가 이뤄졌기에 가능하다고 한다. 이것을 족닥기(수직기)라 하는데, 베틀의 역사는 재래식에서 족닥기로, 족닥이에서 북이 이동하는 북직기로, 북직기에서 산업화된 동력기로 급물살을 탔다. 그래서 직물생산이 성업하던 1960년대 이후 이십여 년간 유구에는 직조공장에서 일하는 공녀들이 삼천 명에 이르렀다고. 전문용어는 이 정도 지식이 고작이지만 나는 베를 짤 줄 아는 사람이었다.

  주경야독을 꿈꾸며 시작한 서울생활, 봉제공장의 첫 달 월급은 단돈 오천 원이었다. 라면 한 개 오십 원 할 때의 이야기이다. 고향에서 소창공장에 다니던 열여섯 살 때의 기술자 임금 만이천 원의 절반도 안 되는 숫자였다. 서울에서도 베 짜는 대형공장엘 가면 삼만 원은 받는다고 권유하는 사람도 있었다. 갈등이 따랐지만 나는 당장의 높은 임금보다 미래에 내가 할 수 있는 일을 택해 의상디자이너의 꿈을 키웠다.

  직물이 성행했던 유구와 내 고향을 구분한다면, 유구는 온양과 가까운 곳이고 나 살던 곳은 대전과 가까운 지역이다. 이렇게 뚝 떨어진 고향 산마을에도 양말 짜는 집과 장갑 짜는 집이 있었다. 그리고 자체 발동기로 전기를 일으켜 베틀을 돌리는 현대식 직조공장이 있었다. 어려서부터 양말 짜는 집에 놀러 가 구경하기를 좋아했는데, 그럴 때면 동네 오빠들이 라디오를 틀어놓고 신나게 어깨춤을 추며 일을 했다. 그러면 그 틀 아래로 천천히 뭉텅뭉텅한 것들이 흘러내렸다. 어린아이로서는 만지기도 어려운 나일론 실로 오빠들은 척척 물건을 만들어내는 것이 무척이나 신기했다. 그것을 그 댁 아저씨가 뾰족뾰족 송곳 같은 것이 꽂힌 나무판에 꿰어 모아, 열 죽씩 묶어 보따리에 지고 장마당을 오갔다.

장갑 짜던 집도 재미나기는 마찬가지. 마을의 오빠들이 둘씩 셋씩 그런 일을 했고, 손 부분과 손목 부분이 따로따로 나오는 면장갑은 집집마다 줄을 서서 받아다가 이음질을 했다. 내가 익힌 바느질 솜씨는 예닐곱 살 때부터 어머니와 등잔불 아래서 연습해둔 것이다. 우리 집은 그렇게 번 돈으로 나일론 장판도 사고 공책도 사는 등 문화의 맛을 누렸다.

그러다가 드디어 그럴듯한 공장 규모로 베틀이 돌기 시작하자, 다섯 살 위의 언니가 그곳의 직공이 되었다. 어깨너머로 훔쳐 배우길 몇 년, 나도 한 해 동안 그곳의 직공 노릇을 했다. 동경하는 세계가 따로 있는데 현실에 발목 잡혀 자신을 묶어둬야 하는 시절이었다. 째깍이는 베틀은 바삐 돌아가고 씨줄과 날줄을 들여다보느라 눈이 아팠지만, 그것이 한 가정의 희망이고 동생들이 딛고 일어서야 하는 동력이었기에 견딜 만했다.

지금 마주한 직공의 방 앞에서 생각에 잠긴다. 그때 이곳에서 수작업으로 가족들의 생계를 책임진 사람들은 지금쯤엔 증언해

줄 사람이 몇 남지 않았다. 하지만 그때의 그 굳건한 기틀은, 고운 옷을 입고 현대를 살아가는 우리들의 바탕에 깊이 존재한다. 몰래 열어본 방문을 닫으며 간장독 안의 견고한 결정을 마음속으로 음미한다. 생활은 더러 암울하고 고달팠을지언정 뒤에 남는 그들에 대한 향훈이 간장 빛깔보다 짙고 여물지 않은가.

—《계간수필》 2016. 여름호

엄마는 스물한 살 새댁이었다

―밀목재에 어린 숨결

    열다섯 살이던 그날 아침, 옆집 사는 두 살 위의 남자애와 함께 계곡 건넛집 아저씨를 따라 길을 나섰다. 차령의 줄기 국사봉을 바라보는 동편마을에서 북쪽으로 흘러내린 계룡산 고개를 넘었다. 숨차게 서로 밀며 올랐다가 완만하게 내려간다는 굽이굽이길. 신도안과 공주의 경계 자갈길을 타박타박 걸었다.

    이곳은 공주시 반포면 학봉리와 계룡시 신도안면 용동리 사이에 있는 약 270미터 높이의 '밀목재'이다. 계룡산의 동쪽을 남북으로 가로지르는 국도 1호선이 이 지대를 지나고 있으며 지금은 2차선으로 포장되어 있다. 금강의 지류인 용수천 계곡을 따라 곧게 뻗어 북쪽은 남쪽보다는 완경사이다.

    경사가 밋밋하다 하여 '민목재', 밀림이 울울했다 하여 '밀목재'라고도 불리는 이 고개를 세 사람은 별 이야기가 없이 산새

소리와 바람 소리만을 벗하였다. 양쪽으로 이어지는 초목들 사이로 산도랑 물이 돌아치며 잴잴거렸겠지만 내 귀엔 들리지 않았다. 다만 막 사춘기에 들어선 두 남녀의 거북한 거리감이 느껴질 뿐이었다. 평소 집 마당에서 공깃돌놀이나 땅따먹기하던 친분은 어디 가고 서먹한 것이 괜히 쭈뼛거려졌다. 앞에 걷는 어른은 우리를 인솔하는 것이지만, 그 뒤의 두 아이들은 의료혜택이 열악한 환경에서 그래 봬도 명의를 찾아가는 길이었다.

대덕군, 공주군, 논산군, 대전시가 닿아 있던 고장 신도안. 행정구역은 각기 다르지만 그 정도의 이웃한 지역쯤은 눈 감고도 갈 수 있었다. 초등학교 6학년만 되어도 선생님들은 아이들을 다 자란 것으로 인식했는지 20리 거리인 동학사까지 소풍을 데리고 다니셨다. 우리들은 신발 코에 채이는 돌멩이만큼이나 수많은 수다를 늘어놓으며 종종거렸다.

그래서 밀목재는 아이들에게 익숙하고, 인근의 수많은 어버이들에게 갖가지의 애환이 어린 곳이다. 새벽부터 뒷산을 타고 넘어 공주 관할의 동월이나 유성 수통골까지 가서 나뭇짐을 지고 오던 아버지는 비교적 신작로 격인 이 길을 택해 돌아오시곤 했는데, 어둑발 내린 고갯마루에 등짐을 부려놓고 쉼을 하며 삶의 호흡을 가다듬곤 하였다.

한국전쟁 당시 내 아버지도 불려 나가 한동안 돌아오지 못한 일이 있었다고 하는데, 무남독녀로 자란 어머니는 친정살이를 했다. 그런데 하루는 젖먹이를 외할머니에게 맡기고 이웃 방앗간 집 부인에게 의지하며 나무를 하러 나섰더란다. 구릉을 몇 개 지나서 동월 뒷산까지 더듬어 겨우 나무 한 다발을 구할 수 있었다고. 하지만 머리에 이는 일이 서툴러 땅에다 떨어뜨리기를 수차례. 마침내는 이웃 여인이 포개어 이고 이 고개에 올랐더란다. 호롱불빛만이 반짝이는 것으로 안도의 숨을 몰아쉴 때, 고갯마루에서 아기를 업고 기다리시던 외할머니가 손뼉을 치며 환호하더란다.

"야, 야, 빨리 와봐라. 너의 신랑 왔다!"

그 소리에 어머니는 어떻게 집에 왔는지 모른단다. 외할머니와 나뭇단을 나눠 이고 길을 서둘렀단다. 평생 치마를 고수한 어른이니 밤공기를 가르며 옥양목 치맛자락 휘날렸을 장면이 훤히 그려지는데…. 이날 그분의 셋째자식 열다섯 살 딸아이는 어지럼증이 심해 공주 시내로 용하다는 침술가를 찾아가고 있었다. 옆집 남자애는 말을 할 때 자주 쿵쿵거려 축농증 치료를 위해 어색한 동행을 하고. 인솔하신 어른이야 공주에서 이사 온 분으로, 베틀을 여러 대 놓고 여공들을 부린 이력이 있는 중년 신사였다.

거기까지는 눈에 익은 길이었다. 학봉리와 닿아 갈라지는 곳에서 다시 공암 방향으로 나아가야 했는데 그때부터는 발이 아파 걷기가 어려웠다. 양편으로 늘어선 벚나무를 보고도 아무런 감흥이 일지 않았다. 미지의 길에 대한 두려움만이 슬슬 엄습하기 시작했다.

드디어 세 사람은 유성과 공주를 오가는 버스에 몸을 실었다. 그러나 심한 멀미가 내 몰골을 망가뜨렸다. 옆집 남자애 앞에 점잖 차리던 여자애의 얼굴은 이미 사라지고, 버스가 한 차례씩 산모퉁이를 휘돌 때마다 오장육부가 뒤엉키는 듯했다.

그러구러 공주 시내를 더듬어 만난 한의사 양반. 그로 인해 내 머리 중앙부, 지구의 축과도 맞먹는 정수리엔 약쑥뜸 자리가 증표로 남았다. 온몸을 태우는 듯이 통증으로 남은 훈장. 집에 돌아와서도 식구들에게 에워싸여 한의사의 지시에 따른 방법대로 머리통을 내맡겼다. 어머니는 두 손으로 붙들고, 아버지는 약쑥을 뭉쳐 올려놓아 빈혈을 쫓으려 했다. 여전히 차멀미도 심하고 빈혈도 잇따랐지만 그 무렵 그러한 방식의 의술을 의심하는 사람은 아무도 없었다.

근래 들어 수시로 그 길을 오고 간다. 일부러 그 고갯마루에 내려 쉬엄쉬엄 해찰을 하기도 한다. 그러다 보면 여러 컷의 명암 사이로 그 옛날 나무 다발 한 동의 무게에 힘겨워하던 어머니가 걸어오신다. 암암리에 고초를 겪고 와서 색시를 기다리시던 젊디젊은 아버지도 되살아난다.

　지금은 훤한 대로가 사방에 뚫려있다. 하지만 옛길에 종종 눈길이 머문다. 인생 격동기의 숱한 고개 저편으로 불은 젖무덤을 감싸 쥐고 숨차하던 우리네들의 그 시대 어머니들. 먹일 것이 귀하고 땔감이 귀해 한없이 거친 길을 돌고 돌아야 했던 힘찬 아버지들. 아울러 전쟁의 상흔 뒤안길에서 후퇴하며 민가에 들러 밥을 얻어먹고, 북으로 가는 길을 물어물어 갔다는 인민군들 모습도 선히 그려진다.

　나뭇동을 이고 재를 오르던 그때 내 엄마는, 겨우 스물한 살 새댁이었다. (※어머니 1주기에 쓰다.)

—《계간수필》 2015. 가을호

순환順換의 톱니

거기, 겹겹의 산으로 둘러쳐진 병풍 안. 다섯 집은 앞이 트여 바깥세상이 조금 보이고, 나머지 열댓 집은 옴팍하니 닭둥우리처럼 들어앉아 하늘만 빼꼼한 곳이 내 고향 마을 안터이다. 나는 어려서부터 대상에 대한 호기심이 남달라 외딴 집에서 혼자 놀아도 심심한 줄을 몰랐다. 위로 오빠 언니가 있기는 하나 나이 차가 많아 그들 노는 자리에 끼워줄 리 만무해, 땅바닥이나 살피며 개미와 땅강아지를 벗하며 자랐다. 그러다가 동생들이 둘 셋 늘어나 나중엔 일곱이나 되었지만, 내 눈과 귀는 늘 주변 돌아가는 일에 관심을 가져 동네의 꼬부랑 할머니들까지 기억하고 있다.

이는 내가 들추지 않으면 어느 한 사람도 이야깃거리로 삼을 만큼 중요한 일이 아닌 듯해, 이참에 한 번 작정하고 여미어둔 작은 보따리를 펼쳐 보이려 한다.

할머니 1—병춘네 할머니

그 집은 '장약방'으로 통했다. 그곳엔 여러 한약재를 담는 나무서랍이 즐비했고, 약 짓는 사람은 나와 동갑내기인 병춘의 아버지였다. 병춘이 할머니는 동그란 얼굴에 눈매가 부드러웠다. 손주들에게 이르는 말씨도 조곤조곤했다.

"병춘네 할머니는 왜정 때 일본 놈들이 끌어간다고 해서 부랴부랴 열네 살에 시집오셨단다."

이런 이야기를 어머니에게서 들어온 나는, 그분이 고약한 자들에게 붙들려가지 않고 우리 동네 할머니가 되어준 것이 고마웠다.

할머니 2—성희네 할머니

그 댁도 역시 장씨 성을 쓰고 있었다. 나보다 한 살 위인 성희(男)의 할머니이시다. 딱 보아도 여장부 기골로 인물이 훤하고 키가 훤칠했다. 독실한 동학東學교도로서 성미誠米를 걷으러 팔 걷어붙이고 다녔는데, 우리 사립문에 그분이 들어서면 어머니는 얼른 양철물통을 열어 아껴둔 쌀을 내와 되질하였다. 식구들 생일이나 조상님 기일에나 한 줌씩 꺼내던 쌀을 아주 경건한 의식 치르는 양 내어드리곤 했다. 요즘 식으로 하면 정해진 신도 회비를 내는 것이나 다름없었다.

할머니 3 — 평숙이네 할머니

이 분은 비손이란 인상이 매우 깊다. 우리 집에 동생들 태어난 지 세이레가 되는 날 아침이면, 꼭 삼신상 지푸라기 앞에서 "비나이다, 비나이다." 하셨다. 아기 울음소리와 함께 가지런한 짚 한 줌이 시렁에 얹어지는데, 어머니는 첫국밥도 그 짚을 꺼내 편편이 펴고 그 위에 얹은 채로 드셨다. 그런데 삼칠일이 되는 날이면 평숙이네 할머니가 두 손을 모아 부비며 입속말로 무엇인가를 뇌고, 내 어머니는 다소곳이 꿇어앉아 눈을 감고 있었다. 그러다가 어느 날, 평숙이네 할머니는 뒷산 구릉 한자리를 얻어 훠이훠이 가셨다.
그리고 우리들은 가끔, 정해진 길을 두고 산을 누빌 때 가슴 철렁하도록 그분을 만났다.

할머니 4 — 선철네 할머니

오가며 양계장 쪽으로 고개를 돌리면 저만치 마루 기둥 옆에 꼬부라진 백발 할머니가 설핏설핏 비쳤다. 우리들 또래가 그 댁엔 없어, 할머니의 셋째 손자인 선철오빠 이름을 마구 부르며 자랐다. 그는 예닐곱 살의 나이 차와 무관하게 어린 날 내 동무였다. 꼴망태를 메고 다니며 나를 향해 네발 달린 짐승의 걸음걸이 흉내를 내는 등, 까르륵거리는 내 표정을 즐거워했다.

그 댁에서는 할머니 돌아가시기 전부터 우리 아버지의 초능력으로 묏자리를 잡아뒀는데, 그 할머니 사후로는 내 아버지 돌아가시기 전까지 명절 때면 으레 고기와 술이 들어왔다. 고인의 다섯 손자가 모두 녹봉을 받게 됐다며 선철의 아버지가 예를 다했는데, 신기하게도 선철네 할머니는 세상 뜬 후로 가난한 우리 집을 보살피셨다.

할머니 5—재권네 할머니

작은 소나무 재를 올라 백여 미터 더 산 쪽으로 거슬러가면 작은 저수지를 앞에 두고 외딴집이 있었다. 나보다 두 살 아래인 재권네 집인데, 재권이를 삼촌이라 부르는 동갑내기 조카 현자도 있었다.

그곳엔 마을 최고령 할머니가 계셨다. 원래 다른 할머니들보다 연장자였는지는 어렴풋하나, 장수하신 어른이다. 하여 우리 집에서 참외 수박을 수확할 때면 장에 내기 전에 가장 실한 것을 골라 아버지가 지게로 져다 드렸다. 워낙 외딴집이어서 나야 두세 번쯤 얼굴을 뵈었을까. 재권네 할머니를 생각하면 항상 마을의 어른으로 받들어 모시던 아버지의 등짐이 떠오른다.

할머니 6― 광태네 할머니

마을의 할머니들이 모두 친할머니라면, 이분은 예외로 외할머니다. 광태는 내 오빠의 아명인데, 할머니는 황해도 해주 분이다. 도를 따라 계룡산에 들어 동학에 뿌리를 묻으리라 했다는 여인인데, 뒤늦게 인연을 만나 겨우 내 어머니 한 분을 세상에 내놓았다고. 길쌈하고 엿을 고아 대전에 내다 파는 수완도 있었다는데, 손주들 기억엔 계룡산을 타며 산나물 자루를 여 날라 식량에 보탠 기억이 더 많은 분이다.

그래 봤자 내가 일곱 살 겨울에 향년 74세로 생을 마치셨는데, 운명하시기 직전에 "손 번성하길 기도하마." 하셨다는 유언이 오랜 여운으로 남는다.

이렇게 내 유년기엔 여섯 분의 할머니들이 한 마을에 살았다. 내가 처음으로 뵈어온 거기 산마을 안터 할머니들은 그렇게 차차 자연으로 환원되어 갔다. 그 무렵 풋풋했던 우리들의 어머니들 중에는 누구는 할머니가 채 되기도 전에 지병을 얻어 세상을 떴고, 누구는 어느 정도 수를 누렸으며, 또 누구는 길고 긴 병석에서 오는 이를 기다리고 가는 이를 배웅한다.

그때 철부지였던 안터의 딸들은 어느새 머리가 희끗희끗해져 이미 할머니가 되었거나 할머니 될 준비를 하며, 한 차례씩 소스라치게 똑같은 고향 할머니들의 모습을 본다. 그러면서 점점 말이 줄어간다.

"그려. 그렇지. 다 그런 거지 뭐."

그러다가도 금세 함박웃음 지으며 "우루룩 까꿍!" 하고 먼 훗날의 할머니, 할아버지들을 어르고 논다. '어여쁘다, 아름답구나. 참 듬직하구나.'

지나온 자국을 물고 돌아가는 이 순환의 톱니는 오래전에도 그랬고, 지금도 그러하며, 앞으로도 변함없이 이어질 것이다. 그 행로가 원활할 때 할머니들은 할 일 다 했다며 두 다리를 뻗는다. 세상에서 이 질서보다 명료한 공식이 어디 또 있을까.

— 《계간수필》 2014. 겨울호

주춧돌

취업을 못 해 살기 어렵다는 세상이다. 앉아서 구만리라고, 생계형 범죄를 저지르는 이들까지 한 눈에 들어온다. 언젠가는 인터넷상에 도움을 요청하는 사람이 있어 그를 품어주자고 남편에게 청을 넣은 일이 있다. 데려다 기술을 가르치고 거기에 맞는 급료를 줘서 식솔들과 밥을 먹고 살게 하자는 취지였다. 하지만 남편은 그 일을 감당할 자신이 서지 않는 듯 내 말을 밀어냈다.

딱 자르긴 했지만, 그도 아이 둘 달린 이웃집의 처제 부부를 거두어 고용한 때가 있었다. 다단계에 손을 댔다가 집까지 들어 먹은 젊은이들에게 월세 보증금을 미리 내준 것이다. 나는 두 발이 부르트도록 돌아다녀 그들의 집을 구해 주었다.

그때를 돌이켜 보면 이십 수년 전의 일로 아득한 이야기이다.

같은 라인의 이웃집 아주머니가 넌지시 건너와 동생네 사정을 비쳤다. 아이들이 어린데 오갈 데가 없어 네 식구가 언니 집에 머물고 있다는 내용이었다. 소규모 사업장을 갖고 있던 우리 부부는 선택의 여지없이 그들을 받아들이기로 했다. 하여 다음날부터 아기아빠를 출근케 하고, 방을 구하러 다녔다. 서너 살 난 그 집 아이를 걸리고, 유치원짜리 내 아이 손도 잡아끌면서 산본의 다세대 주택가를 배회했다.

  그렇게라도 하여 네 식구가 등 기댈 자리가 마련되고, 험한 일 한 번 해보지 않은 성싶은 아기아빠가 자동차 정비에 필요한 연장을 만지기 시작했다. 아기엄마도 부지런히 일거리를 찾아 몸을 아끼지 않았다. 그 기간이 길진 않았지만, 어려운 중에도 가족을 보살피려는 의지가 있어 믿음이 갔다. 큰 고비에 처했을 때 잠시 기대어 있었지만, 급한 불을 끄고 나서 새 일터를 잡아 나가는 그들을 보며 우리 부부도 흐뭇해했다.

  그랬는데 이제 와서 못할 이유가 무엇인가. 정 딱한 사람이면 의식이 곧은지를 확인한 후에 일을 가르쳐주란 말이다. 그 두 손에, 아니 온몸에 밴 기술을 전수하지 않고 묵히는 것도 죄악 아닌가. 그러니 무턱대고 도움 주라는 것이 아니라 상대방이 스스로 밥을 해결할 수 있도록 기술을 가르치라는 것이 내 본 의도이다. 처음엔 서툴고 말썽을 더 많이 피우겠지만, 그런 점까지 끌어안아 길을 열어주자는 것인데 그도 나이가 들었다는 증표인지 대답이 쉽지 않다.

남편은 자동차 소리만 들어도 어디가 문제인지를 진단해내는 사람이다. 평생 기름복을 입고 손톱 밑이 까맣게 된 노익장인 게다. 그 일이 몸에 부쳐 어깨가 움츠러들 때면, 나는 한창 공부 중인 두 아들에게 주문을 걸었다.

"아빠의 자존심은 너희들이다. 너희들이 잘될 때 아빠의 어깨는 펴진다."

다행히 아이들은 아빠의 어깨를 세워주었다. 그리고 사업장이 어디로 이전하든 단골들이 따라붙는다.

한데 그에게 맹점이 있으니 후계자를 양성하지 못하는 성정이다. 우리네 사업장 규모가 꼭 직원을 둬야 할 정도는 아니지만, 그의 성격이 유하면 왜 사람을 건사 못하겠는가. 고객들과의 대화에서도 원만한 모습은 그다지 찾아보기 어렵다. 희한하게도 그런 그를 이해하는 사람들만이 멀다 않고 찾아온다.

우리라고 하여 넉넉한 살림살이는 아니다. 그런데도 어려운 처지에 놓인 사람들을 보면 외면하기가 쉽지 않다. 젊은이들 같으면 기술을 가르치고 싶고, 나이 지긋한 경우라면 그 몸으로 해낼 만한 일을 찾아 권해주고 싶다. 하나씩 하나씩 차근차근 자신의 능력을 스스로가 알아갈 때 그들은 자존의 힘이 자라날 것 아닌가. 그 기초적인 힘을 잃어 어찌할 바 몰라 할 때는 누구라도 조력자가 되어보자는 마음이다.

나는 너무도 가난한 집의 딸이었다. 객지에 나와 한 달 급료를 받지 못하면 줄줄이 달린 동생들의 학업이 뚝 끊길 판이었다. 부모님도 허리띠를 졸라매고 술지게미로 허기를 달래며 자식들의 교육에 혼신의 힘을 다할 때였다. 그러면서도 우리 가족은 또 하나의 꿈이 있었다. 바로 초가를 면하고 새집을 짓는 것이었다. 식구들은 늘어나고 몸집들도 점차 굵어 가는데 집이 옹색하여 어머니를 더욱 애태웠다.

올해는, 올해는 하다가 넘기기를 몇 해. 내가 시집올 때가 다 되어 설을 쉬러 가는 길에 동생들이 우르르 달려 나와 있었다. 아버지도 환한 미소로 나를 맞이하셨다. 그리고는 둥구나무가 서 있던 큰 마당을 가리켰다.

"기초 다 박아 놨다. 네 동생들하고."

동생들은 손이 툭툭 터진 채로 이리 펄쩍 저리 펄쩍 뛰어다녔다. 새끼줄이 드리워진 바닥에는 반듯반듯 골을 파놓은 자리마다 동생들의 어금니 같은 주춧돌들이 꽉꽉 채워져 있었다. 듬직했다. 아버지는 기초를 박아놓았으니 집을 반은 지은 것이나 다름없다 했다. 이젠 목수와 미장이만 불러대면 된다고.

세월이 흘러도 그날의 감격은 흐려지지 않는다. 살아가면서 그렇듯 가슴 펴지는 날이 몇 번이나 되던가. 이 시대 생활고를 겪고 있는 사람들에게도 먼 일이 아니기를 고대해 본다. 어서어서 마음속에라도 견고한 축대를 쌓아 올릴 주춧돌들을 마련하여 꿈꾸는 성곽이 이루어지기를 소망한다.

—《창작수필》 2015. 가을호

口碑文學을 찾아서

여공들이 만든 노래
— 신도안아, 잘 있거라

"어디 살았어?"

"안터에유."

"안터! 나는 화산리에 살았어. 화산리를 알아?"

"그러문요. 괴목정 앞 신작로 가에 선술집도 있었잖아요."

"아이구, 맞네! 내 고향 화산리를 아는 사람을 만나다니. 나는 신도국민(초등)학교 출신이야. 5학년 때 해방돼서 졸업을 못했어. 그전에는 그 지역에 국민학교 두 개가 있었는데, 하나로 합친 이름이 신도학교야. 너희들이 다닌 남선학교는 그 뒤에 생긴 거지. 그런데 그 노래 알아?"

'…?'

"신도안아, 잘 있거라를 몰라?"

다그치는 말씀에도 나는 선뜻 입을 열지 못했다. 만약 모른다

하면 실망하실 것 같고, 거짓으로 안다고 할 수도 없는 까닭이었다. 그래서 그분의 눈빛만 열심히 살폈다. 벽에 걸린 삼십 대의 흑백사진이 고왔던 때를 대변한다.

"내가 여태 살면서 이 노래는 안 잊어먹어. 나는 한 구십 산 것 같은데 우리 딸이 그러는데 팔십오라네. 헤헤."

덩달아 나도 웃었다. 말년에 살아온 날들의 숫자 헷갈리는 것쯤이야 뭐 그리 대수이랴. 그 연세에 생존하여 옛일을 회상하시는 점만으로도 장하게 여겨지는 것을….

어쩌면 마지막일지도 모른다는 생각에 친구의 어머니를 문병하고 온 지 꼭 1년 만이다. 몇 달 전엔 아예, 보내드릴 준비하라는 의사의 선고가 있었단다. 그러나 친구 가족은 쇠잔해가는 어른을 그대로 놓을 수가 없어, 운영하는 가게 한 켠에 원룸시설을 꾸며 극진히 보살펴드렸다. 그 덕인지 오래지 않아 나날이 총기가 살아나고, 거동도 하시게 됐다는 소식이 들려왔다.

직접 마주하기 전에는 설마 하는 마음이 없지 않았다. 그런데 기적은 이미 일어나 있었다. 꼿꼿이 걸어서 화장실 거동도 하고, 심심하면 딸이 일하는 모습을 기웃하시기도 했다. 겨울철에 만나는 봄의 색채가 바로 이런 빛깔일까.

생사의 기로에 처했을망정 오감은 열려있어 미미한 신호조차 알아차린다는 말이 맞는 것일까. 의식을 잃고 누워계신 어머니의 귓가에 딸은 기적을 보여 달라고 속삭였단다. 그러니 분명 자녀의 극진한 사랑에 힘을 얻어 소생한 것이 아니고 무엇이랴. 하기야 아무리 사이좋은 부모와 자식 간이라 해도 천운이 다할 때는 결별할 수밖에 없는 것이 이치이지만, 양친 부모님을 얼김에 여읜 나로서는 친구 어머니의 온기 도는 작은 방을 쉽게 나설 수가 없었다.

그분이 지금 구술을 하신다. 처음에 노래 제목만 듣고는 그 지역 주민 전체가 나라정책에 의해 고향을 뜰 무렵 서글픈 마음을 달랜 가락인가보다 했다. 그래서 잠시 갸우뚱하며 다음 이야기를 기다렸다.

"내 위에 언니들은 영등포로 돈 벌러 가고 학교를 안 다녔어. 나 때부터 학교에 들어간 거지. 그런데 이 노래는 신도안을 떠나 영등포 직물공장에 가 있던 글도 안 배운 언니들이 만든 거야. 누가 지었는지도 몰라. 나도 내 언니들한테 전해 배웠으니까. 그때는 피난민들이 많이 와서 살았거든."

그랬다. 피난민들이 더러 터를 잡아 여러 지방 사람들이 섞여 살았지만, 특히 이북 말을 쓰는 사람들이 많았다. 그런데 무학無學의 여공들이 지은 노랫말이라는 데에 두 귀가 번쩍했다. 반면,

싸하니 아린 공기가 파고들어 가슴을 내리눌렀다. 이 순간 쉰 중반의 나는 시공을 넘어 백세 가까울 분들의 정서에 호응하고 있는 것이다. 친구 어머니의 언니 세대라 하지 않는가. 그래도 궁금했다.

"그럼 내가 한 번 불러볼까?"

"예."

드디어 친구 어머니의 노래가 시작되었다. 흥얼흥얼 자장가 정도나 불러주시던 내 어머니와는 다소 대조적인 가락이다.

신도안아 잘 있거라 나는 떠난다
계룡산아 잡지마라 갈 길 바쁘다
두계의 정거장에 우리 오마니
다달이 오라고 하시던 말씀
귀가 쟁쟁 눈이 삼삼하구나요
그리운 부모형제 언제나 볼까

남쪽 나라 먼 고향 울고 가는 새
우리 집 소식을 전하여다오
반공중에 솟아있는 저 둥근 달
우리 집 동창에 비춰주련만
산도 설고 물도 설은 천 리 타~향

오늘도 내일도 그리운 고향
—<신도안아, 잘 있거라> 전문, 2015년 12월 17일 취록

 해방이나 한국전쟁을 전후한 격변기에 <모란봉아, 잘 있거라> 등등, 두고 온 산천을 그리는 노래가 흔하던 때의 노랫말이다. 가락을 들어보면 흘러간 옛 노래의 어느 곡에 개사를 한 것 같은데, 행간에 꿰맞춘 가사가 적소에 들어가 있어 매우 그럴싸하다. 노랫말을 음미할수록 뭉클하여 가슴 에이기도 한다.
 신도안— 분지형의 아담한 땅을 이르는 말이다. 차령의 산맥이 둘러쳐진 만큼 크고 작은 골짜기 깊숙이까지 부락을 이루고 있었다. 이렇게 산세 좋고 물 좋아 청정지역이긴 하지만, 산울타리에 기댄 사람들에게 있어 마땅히 돈 나올 구멍은 귀했다. 그래서 도회의 공장을 찾아 집을 나서지 않을 수 없었을 것이다. 그 대열에 우리들의 언니가 있었고, 어머니가 있었고, 거슬러 올라가 더 선배 급의 연령대에서 발 빠르게 움직여줬다는 사실을 짐작하고도 남을 일이다.
 사경을 헤매다 소생하신 분이 생생한 육성으로 그 시대상을 일깨우는데, 어찌 내가 펜을 뉘이고 있으랴. 명색이 글 쓴다는 사람이 무슨 수로 귀 닫고 눈 감고 있으랴. 고장 이름만 바꿔 부르면 너나없는 사람들의 언니·누나요, 어머니요, 고모·이모

인 것을.

    반공중에 솟아있는 저 둥근 달— 앞서가는 마음이 펜과 함께 뜀박질을 해 그 시대의 기둥 같은 여공들을 만난다. (※이옥순 여사 구술, 85세)

—《문학이후》 2015. 겨울호

샘과 도랑과 빨래터와

"다음 정류소는 빨랫골입니다."

찬 우물이니 골사그네니 하는 말은 경기도에 사는 내게 익숙한 이름이다. 그런데 서울 우이동 방향에서 시내로 들어오는 버스를 탔는데 문명 저편의 빨랫골을 안내한다. 일순 개발되기 전의 도시풍경이 그려지며 나를 고향 개울가에 가 앉게 한다.

바가지 샘에서 흐르는 실도랑이 있었다. 은행나무 뿌리를 적시고 뽕나무 터널을 지나 풀 포기를 간질이며 흘러내리는 곳에 어른들은 두어 품 너비의 보를 만들었다. 돌 몇 개 쌓아놓은 것이 둑이고 모래와 자갈 몇 대야 깔아놓은 곳이 바닥이었다. 거기엔 이웃집과 우리집의 빨랫돌이 구분되어 있어, 아이들도 그것을 함부로 대하지 않았다. 편편한 돌이 움직이지 않게 밑돌을 잘 받쳐야 옷가지가 말끔해지는 것을 일찍이 알아, 빨랫대야를 들고나오는 사람이면 돌자리 잡는 것부터 손을 썼다. 어린아이였던 나는 그곳에서 이웃집 여인네들의 바가지만 한 배를 보며 아슬아슬한 마음을 졸이기도 했다. 아기는 분명 배꼽으로 낳는 거라고 어머니로부터 들었는데, 저렇게 큰 아기가 어떻게 배꼽문을 열지 지레 걱정스러웠다.

샘에서 흐르는 도랑은 꼭 빨래를 하기 위해서만 둥그레 하니 파 놓은 것이 아니었다. 수많은 우리 형제들은 수시로 그리 달려가 세수를 했으며, 물에 비친 구름을 두 손으로 떠올렸다. 장에 가실 부모님 고무신을 새하얗게 닦기도 하고, 진흙에 푹푹 빠져 흙투성이가 된 다리를 말끔히 씻어내곤 하던 곳이다.

그 숱한 흔적들을 뒤로하고 유독 그곳에는 얼굴이 곰보였던 순심아버지 작은댁이 어린다. 먹을거리도 귀한 집에 아들을 낳아주기로 약조되어 들어온 아낙이라 했다. 그 여인보다 앞에 앞을 잘 못 보는 안경 낀 여인도 얼마간 다녀갔다. 그녀들은 대체로 집안의 빨랫감을 자배기에 이고 나와 한참씩 앉았다가 무겁게 머리에 얹었는데, 그럴 때면 열 살 남짓한 내가 기껏 걸레나 빨다가 이는 것을 거들어주곤 했다. 내가 눈이 밝았던 것인지 귀가 밝았던 것인지 그들의 일상이 예사로 보이지 않았다. 낳으면 아들이고 또 낳으면 아들인 어머니를 둔 내가 사내아기를 낳아주겠다고 온 이웃 여인들이 편하게 보이지 않았던 까닭이다. 어린 나이에도 그건 분명 연민이었다.

그러다가 곰보 여인이 아들을 낳았다는 소식을 들었다. 그 집은 그때를 기점으로 이사 가고, 이번엔 내 어머니 연배의 아주머니네가 이사를 와서 거푸 아기를 낳았다. 그땐 나도 웬만큼 자라, 아주머니의 배를 보며 옷가지를 대신 빨아주고 싶을 때도 있었다. 헌데 신기하게도 내 어머니의 배는 넓은 치마폭 속에 단단히 여미어 두었는지 그렇게 팽창되어 위태로운 모습은 미처 알아채질 못했다.

이처럼 무의식 속의 고향 빨래터엔 만삭의 여인들이 등장한다. 그러다가는 새까맣게 잊혀져 나를 일상에 머물게 한다. 하루 이틀간이지만 의식의 변화는 급물살 같아서 찰나가 스치고 나면 아주 기억의 저장고에서 사라지고 말 수도 있는 일이다. 그러한 것이 내게 다시 다가와 의식의 현을 건든다. 우물가, 가는 도랑, 만삭의 여인들이 쭈그려 앉아 숨 고르며 옷가지를 헹구던 빨래터. 그런 원초적인 현상들이 단적으로 끊어졌다 이어졌다 하면서도 자꾸만 의구심으로 작용한다.

샘물과 도랑과 부푼 인부의 배. 이들은 어떤 연관성으로 고리지어 있을까. 산골아이에게 있어 빨래터는 가족의 일차적 생활 공간인 집을 벗어나 유년기에 접하는 이차적 사회였던 셈이다. 그렇다 보니 거기서 맞닥뜨리는 광경들 하나하나가 새롭고 신비로워 무의식의 세계에 깊이 들어앉았지 싶다. 아마도 내 기억 속의 이 물길이 말라갈 즈음이면, 혈관 속의 피돌기도 별반 다르지 않으리라.

그럴 바엔 어차피 펄떡이는 지금의 혈맥을 유심히 살필 일이다. 그때의 여인들이 새 생명을 안고 아랫배를 둥글게 부풀렸던 모양대로, 의식의 관을 한껏 열어젖혀 하늘도 품고 구름도 떠 마시며 다소 허풍스레 여울지는 옛 물살의 장단에 찬찬히 응수하여도 좋으리. 그 작은 물가의 찰랑대는 물소리가 뇌리를 채울 때면 지극히 평화로운 내 안의 꼬맹이를 만나는 날이다.

— 《그린에세이》 2016. 5,6월호. 주제, '생의 기억 하나

황무지

바라다만 보던 곳이다. 그리워만 하던 품이다. 가슴 깊이 묻어두고 감히 손 뻗지 못하던 터이다.

이른 봄날 그곳을 향해 오른다. 물소리 청아하고 흙길이 폭신하다. 산수유 노랑 꽃잎에 아롱진 물방울이 어머니 가슴속에 다 독여둔 생의 무늬로 읽힌다. 이 길을 가면 고향 어르신이 산막을 치고 기거한다고 했다. 원주민이 모두 떠난 이 땅에 이십오 년 전 한동네에 살던 분이 텃밭을 일구며 살아간다는 것이다. 그가 누구일까 매우 궁금했다.

내친김에 실행에 옮겨 오랜 세월 차단되었던 흙을 밟는다. 계룡시 신도안면 남선리의 귀퉁이 땅. 옛이름은 크게 일러 '신도안'이라 하고, 우리 마을을 이루던 두 부락은 '홀령골'과 '안터'라 칭했다. 흑룡이 계곡을 따라 올라갔다는 설화가 바탕이 되는 기다란 부락과, 산 중턱에 새 둥지처럼 들어앉은 아담한 부락 사람들은 서로 기대어 형님 아우하며 수많은 아이들을 키워냈다.

그 지역은 지금 육해공군 본부인 계룡대가 중심을 이루고, 곳곳에 높은 빌딩도 들어섰다. 그러나 요행히도 우리들의 태가 묻힌 마당 위로는 콘크리트 건물이 들어서지 않았다. 군인들의 체육시설 골프장이 자리를 잡은 까닭이다. 들리는 말에 의하면 잔디가 깔렸다고도 하고, 집 앞의 운치 있던 은행나무나 평상격의 바위가 그대로 보존되었다고도 한다.

한 발 한 발 숨 고르며 길을 잡는다. 동생네 가족까지 합세한 소풍 길이다. 어머니는 무릎 통증도 아랑곳 않고 이곳저곳 응시하며 감회에 젖어든다. 작은 산 도랑을 건너고 울울한 대나무밭을 지난다. 이어 누구네 집이었을지 모를 까만 돌담이 모습을 드러내고, 난쟁이 석탑도 대숲에서 알은체를 한다. 달싹이는 댓잎 소리와 정성 깊었을 뉘댁 여인네의 비손이 석탑 지붕에 포개어진다. 길 복판엔 대뿌리들이 조화를 부려 글자놀이를 한다. 느개 내리는 뿌연 길을 헤치며 되짚어가는 마음길이 바쁘다. 妻의 고향마을에 처음 동행하는 남자들도 고즈넉함에 빠져들며 감탄사를 연발한다.

이날 찾아간 곳은 산제당山祭堂이 있던 고향 뒷산 구릉이다. 골프장 주차장에서 산길 따라 올라가면 된다고 허락을 받아낸 것이 어디인가. 불과 몇 달 전 벌초 철에는, 이곳저곳 오가며 통사정을 해도 방법이 없었다. 심지어는 군 본부에 가서 여기가 어머니 고향인데 그 마당을 단 한 번만 밟아보아도 여한이 없겠다 하였으나, 문전에서 쓸쓸히 차를 돌려야 했다.

그런데 이게 웬 횡재인가. 이번에도 뻔히 골프장 전동카에 실려 나오는 줄 알았다. 하지만 이곳에서 20여 년을 근무했다는 지긋한 여직원이 자기의 업무가 끝나면 차에 태워 안내를 해주겠단다. 그러려면 노모를 모시고 두세 시간을 기다려야 하는 터, 차선책으로 안내받은 것이 산길이었다.

"할아버지 한 분이 밥을 끓여 드시며 살고 계세요."

일행은 지체할 것 없이 우리끼리 방향을 잡기로 했다. 대체 누가 이미 오래전 다 떠난 이 터를 지키고 있는가. 혹시 생활이 곤곤하여 이렇게라도 은거하고 있는 것은 아닌지 걱정이 앞섰다. 하지만 이 지역은 군사 보호지역으로 아무나 쉽게 출입할 수 있는 곳이 아니지 않은가. 시간이 지날수록 어머니를 알고, 아버지를 알고, 나를 알아볼 어른이란 기대에 가슴이 뛰었다. 아울러 나도 단박에 그분을 알아볼 수 있지 싶었다.

마침내 숲을 벗어나자 손바닥만 한 뙈기밭이 시야에 들어온다. 저만치에 외양 말쑥한 노인이 길에 나와 있다. 놀라기는 본인도 마찬가지일 터인데 싱긋이 웃으며 방문자들을 반긴다. 잠시 심리적으로 탐색이 이뤄졌는가 싶더니 어머니와 통성명이 오간다. 그러더니 금세 만면에 미소를 띠며 박장대소했다. 어머니 얼굴에도 함박꽃이 피었다. 산막의 노인은 다름 아닌 그 일대에서 명의로 통하던 어른의 둘째 자제분이었다. 내 동창생의 아버지로 도시에 넉넉한 살림을 꾸리고 있으며, 간간 들러 돌아보고 간다고 했다. 골프장 인부로 드나들다 보니 두고 나온 선산이 눈에 밟혀 텃밭을 손보기 시작했다는 것.

한데 나 살던 터에는 못 간단다. 이미 황무지란다. 그 단호한 어조가 어찌나 서운한지 숨차게 오른 설렘이 단번에 뭉개지는 느낌이다. 그래도 언덕으로 올라서 보았다. 아득하다. 한눈에 저기로구나 할 곳이 잡목에 시야가 가려 원활치 못하다. 그저 어림으로 짐작만 할 뿐이었다. 내 어머니 아버지가 일구어 자식들 입에 밥 넘기느라 젊은 날을 소진한 그 땅은, 어느 사이 휴식기에 들어 크고 작은 뿌리를 보듬고 있었다. 이젠 자연 상태로 남아있다는 말에나 위안을 얻어야 하려나.

어느 시대이든 사람이 땅을 영원히 점유할 수는 없다. 한시적으로 살다 떠나고 또 누군가 새로이 터를 잡아 살아가고…. 이러한 순환이 거듭되면서 우주가 존재하는 것이리라. 그렇긴 하지만 그만큼이나마 가까이서 맛본 옛 숨결에 봄이 다 가도록 가슴이 덥다.

— 《에세이 21》 2016. 봄호

文學的 自傳

우회迂廻의 길목에서

■ 文學的 自傳

우회迂廻의 길목에서

먼 길에 싹 튼 은유

언니 오빠 하는 양을 어깨너머로 보며 숫자를 익히고 글을 읽으며 묻길 좋아했다. 그러다가 중학생인 오빠에게 다듬잇방망이로 머리통을 얻어맞고 앉은뱅이책상이 있던 윗방에서 쫓겨나기도 했다. 아직 미취학 꼬맹이였으니 수준 차가 나서 다소 귀찮긴 했겠지만 '통' 하고 퉁겨지던 방망이의 느낌은 얼얼하게 오래 갔다.

그다음부터는 윗방과 안방 사이의 샛문을 닫아걸고 새끼 꼬는 아버지 곁에서 글자를 쓰며 가르침을 받았다. 아버지는 특히 옛이야기를 즐겨 해주셨는데, 열두 번을 거듭한 이야기라도 자식들이 다시 듣기를 원하면 헛기침 두어 번 하고는 봉초 담배를 말아 물며 절정 부분을 살려 나갔다. 이야기 속엔 의로운 남성들이 등장하기도 하고 지혜로운 여인들이 어려운 일을 슬기로 헤쳐 나가는 대목도 있었다. 그때부터 나는 사람으로서 나아가야 할 인성과 이야기의 톤을 배운 것 같다. 입에서 입으로 전달되는 구비문학에도 구성이 있고 고저장단이 있다는 것을 알게 모르게 터득하고 있었지 싶다.

그러나 학업에 대한 장애가 일찍이 발목을 잡았다. 초등학교 입학부터가 순조롭지 않아, 어머니는 정월 생일인 나를 아기 더 돌보다 아홉 살에 가라며 입학생 예비소집 일에 보내지 않으셨다. 속이 상한 나는 안방 아랫목 구석에 쭈그리고 앉아 고개를 처박고 눈물을 꾹꾹 짜며 꼼짝도 하지 않았다. 그렇게 한나절이 가고 담장 밖에서 웅성웅성 소리가 들리는가 싶더니 "선화야, 이제 방에서 나오너라. 입학식 날 바로 가도 된단다." 하는 아버지의 환한 음성이 들렸다.

드디어 입학하던 날, 그날은 내가 학업을 향해 첫발을 내디던 날이다. 왼쪽 가슴에 손수건을 달고 아버지 손을 잡고 넘던 앞산 고갯길. 푸석푸석하니 뽀얀 석비레 토심도 생소했고, 포로롱 쫑쫑 지저귀며 이 가지 저 가지 사이를 누비는 산새들의 몸짓도 반가웠다. 그것들 따라서 나는 마구 상승기류를 탔다. 고갯마루에 올라서서는 학교로 난 구불구불한 길을 향해 아버지를 앞질러서 폴짝폴짝 뛰었다.
 등하굣길은 십 리였다. 그래도 학교 가는 길은 늘 설렘의 도가니였다. 오가는 길에 만나는 사물들과 더불어 내 의식이 자라났다고 해도 과언이 아니다. 이른 봄, 산 도랑에서 풀 포기를 거머잡고 층을 이루던 갖가지의 얼음 조각상. 그 안으로 흐르던 가는 물줄기…. 나는 종종 홀로 걸으며, 대자연이 연출해낸 꾸밈없는 군상들과 벗하는 습관이 들었다. 그러면서 서서히 은유에 물들어갔다.

잃어버린 일기장

 학교엔 선생님이 나를 기다리고 계셔서 행복했다. 그때는 꾀하고 노력하는 만큼 다 내 것으로 증명이 되어 돌아와 즐거웠다. 추구하는 만큼 이뤄진다는 것을 믿으며 겁 없이 내달리던 때가 바로 초등학교 시절이다.
 3학년으로 접어들며 내겐 두툼한 일기장이 생겼다. 바로 말해, 아버지께서 비용을 아끼려고 커다란 백로지白露紙를 여러 번 접어서 잘라 엮은 수제공책인데, 학년이 끝나갈 즈음엔 빼곡한 일기책이 되었다. 아버지의 손길이 머문 그곳에 나는 일상의 이야기들을 적어나갔다. 어느 날은 "언니 따라 뒷산에 가서 가래

기*를 긁어 담아 메꾸리에 이고 왔다."고 기록했다.

늘 집에서 동생들을 업고 놀던 아이가 뒷산에 올라 나무를 해온 것은 대단한 체험이었다. 화전으로 일군 스물 세 칸의 사래 긴 밭도, 논으로 일궜다가 홍수로 골이 패여 감자나 호밀을 심어 먹던 열 뙈기의 모래밭도 다 뒷산에 들어있었다. 하여 그곳에 올라보면 계룡산 중심의 산 너울이 아름답고, 논산 방향에 가로막힌 쇠잔등이 같은 산맥이 호기롭게 와 닿았다. 더구나 호남선 열차가 기적 소리를 내며 꿈틀꿈틀 기어 다니는 풍경은 더욱 내면을 풍요롭게 살찌웠다. 그런 소소한 사건들이 허름한 노트 면면을 장식하고 있었다.

그러나 그 앳된 사연이 밴 일기장은 내 품에 오래 머물지 못했다. 그 무렵 학교에서는 일기 쓰기에 대해 배우고 있었는데, 한번은 담임선생님께서 내 일기장을 반 아이들에게 공개했다. 일기는 김아무개처럼 이렇게 쓰는 것이라고 하며 돌려 읽고 되돌려주라 하였지만 그 날 이후로 나는 그 노트를 다시 구경할 수 없었다.

어린 마음에 상실의 아쉬움이 오래갔다. 노트 한 권을 채운 1년여의 역사가 사라진 것이다. 코흘리개가 적은 글이니 객관적으로 크게 볼 것이야 없겠지만 그래도 당사자에게는 내밀한 비밀 주머니를 잃어버린 것이나 다를 바 없었다. 하여 다음에 또 일기를 쓰게 되면 그것은 어떠한 일이 있어도 꼭 지켜야겠다는 다짐을 해두었다.

바늘구멍만 한 틈을 찾아서

그러면서 내 인생에 결정적 길이 열리는 4학년에 올라섰다. 담임선생님은 새로 부임하신 스물일곱 살의 총각 선생님이었다. 나는 태어나 열한 살이 되는 그 날까지의 행로에서 그처럼 반듯한 용모에 바른 말씨를 쓰는 분을 처음 뵈었다. 그분을 만난 첫날에 받은 숙제가 '우리 선생님'이었다. 칠판에 또렷하게 적힌 '이정효' 선생님! 원고지를 살 것도 없이 국어노트에 써오면 된다 하여, 망설일 것도 없이 '호랑이 선생님'이라 제목을 붙이고 그날의 선생님 인상을 적어나갔다. 호랑이라 한 데에는 그만한 까닭이 있는데, 선생님은 자신을 그리 칭하셨다. 그런데 이제껏 쓴 글 중에 가장 소박하고 솔직한 쓴 문장이지 싶다. 그 글 한 편이 사람의 운명을 좌우할 줄이야.

다음날, 나는 선생님으로부터 지명을 당했고 이어 문예부 백영철 선생님께로 안내되었다. 그 글로 인해 교내 1등 상을 받았고, 각종 글짓기대회에도 학교대표로 뽑혀 다니며 도시바람을 쐴 수 있었다. 6학년에 이르러 또 그 선생님 반이 되었는데, 그때부터는 학교 도서실에 들어앉아 책을 마음껏 읽게 하셨다. 교과서 외엔 책 한 권 만져보기 어려웠던 산골 아이에게 그곳은 무궁한 정신적 보고였다.

집에서의 내 위치가 어쩔 수 없는 '애보개'였다면 학교에서는 한껏 기량을 발휘할 수 있어 거리낌이 없었다. 도서관에 있는 책들을 빌려 집에까지 걸머메고 다니며 읽곤 했는데, 그때 이미 나는 주변 환경 이외의 것들에 관심을 두기 시작했던 것 같다. 보통의 농촌 아이로 자라기엔 무리였던 것이다. 그러한 것들이 내 문학의 모태가 된다. 어느 때는 흥에 겨워 "동창이 밝았느냐 노고지리 우지진다/ 소치는 아이는 상기 아니 일었느냐/ 재 너머 사래긴 밭을 언제 갈려 하나니." 하며 약천藥泉 남구만(南九萬 1629~1711) 선생의 시조 가락을 주절주절 읊어대기도 했다. 그것은 곧 부지런해야 한다는 일깨움으로 혹 늦잠에 든 부모형제를 깨워대는 격이기도 했다.

이처럼 형제 많고 내 땅 없는 가난한 집 아이에게 희망을 찾아 정신활동을 하게끔 길 터주신 선생님의 배려로 나는 웬만한 일엔 기죽지 않는 아이가 되었다. 어린 시절의 자존감은 나를 평생 떠받들고 가는 기운으로 작용해, 어떠한 길에서든 사제간에 접목된 순수와 열정으로 자신을 올곧게 지탱하게 하였다. 졸업 후 학업이 끊기어 우회의 길을 걸으며 수없는 갈등과 갈증의 세월을 견디면서도 펜대와 노트와 잉크병을 챙긴 연유가 바로 거기에 있다. 8남 3녀의 셋째로서 주경야독의 길을 걸으며 혹독하게 담금질할 수 있었던 힘도 암암리에 내재된 옛 스승으로부터 받은 사랑 덕이었다. 그 강한 여운을 안고 객지에 뛰어든 나는 신촌의 한 서점을 단골로 삼았고, 거기서 무수한 작가들의 작품세계를 탐독했으며, 바늘구멍만 한 틈을 찾아 스승에 대한 목마름을 달랬고 가 닿을 수 없는 이상세계로의 마음자리를 위무했다.

스승 복이 있는 사람

우리나라 시조 부흥기의 대가 가람 이병기 선생은 글 복, 술 복, 제자 복이 많다고 하셨다. 한데 나는 무엇보다도 스승 복이 있는 사람이다. 30대 초반, 두 아이의 엄마이며 만학도로서 백일장에 나가 '작가'라 명명된 심사위원 한 분을 만나게 되었는데, 그는 내가 초등학교를 졸업한 이래 처음으로 '선생님'이라 부르도록 허용된 배준석 시인이었다. 나는 그때부터 그 문하에 들어 그간 억제해 온 응축의 너울을 어루만지며 고기가 물을 만난 듯이 유영했다. 수필로 방향이 잡히기 전의 몇 년은 근사한 시를 써보겠다며 지샌 밤이 부지기수였다.

그러나 이 차 저 차로 내 문학의 갈래는 수필 쪽으로 강하게 두드러졌고, 나는 또 제대로 된 수필공부를 위해 스승이 필요했다. 하나 웬만한 수필가의 문체에서 풍기는 기운으로는 내 글이 다스려지지 않을 성싶었다. 자칫 삶의 결을 읽어내지 못해 발생하는 문제점까지 헤아리게 된 것이다.

그러던 중 안양문학에 발표된 윤모촌 선생의 수필 한 편을 읽고 '바로 이 분이구나!' 싶었다. 소박하며 격조 있는 문체가 가슴을 울렸던 까닭이다. 이어, 선생이 심사하시는 자리에서 수필로 1등을 했다. 하지만 선생 곁에 나를 드러내어 사제의 연을 맺기까지는 그로부터도 짧지 않은 시간이 걸렸다. 나는 긴 치마를 차려입고 가서 큰절을 올렸고, 선생은 당당히 거실에 나와 좌정하고 새 제자의 절을 받으셨다. 그리고는 두고두고 "아, 글을 쓰게끔 되어있는 사람이 안 쓰고 사느라고 얼마나 힘들었어!" 하며 결함투성이의 나를 보듬으셨다. 어설픈 제자의 글을 읽는 내내 즐거워하셨다.

옛분들 중엔 스승이 제자를 어여삐 여겨 업어주기도 했다는데, 나는 이 시대를 살아가며 스승을 업어드리고 싶다. 우선적으로 어린 날 내 인생의 길라잡이가 되어주신 총각 선생님을 업어드리고, 코흘리개에게 문장 쓰는 법을 지도하여 훗날 문단에 나올 때 '지송遲松'이라 호를 내리신 문예부 선생님을 업어드

우회迂廻의 길목에서 297

리고, 모촌 선생님이 생존하신다면 등에 한껏 기운을 모아 번쩍 업어드리고, 아직 젊어 스승의 노래를 부르려 해도 웃음이 먼저 새 나오는 시인 선생을 먼 훗날 더 파파 늙은 다음에 한 번쯤 등 구부려 업어볼 수 있길 소망한다. 이전까지야 스승의 그림자도 밟지 않는다는 규칙을 지켰지만, 세월을 이만쯤 비낀 지금엔 볼품없는 등이나마 은혜 입은 분들께 맘껏 내드릴 수 있다면 스승 복이 있는 사람으로서 다소 제자 노릇을 한다고 볼 수 있으려나.

신성한 물 한 그릇

시와 수필을 병행하며 나는 한결 여유로워졌다. 여러 가지 수사법을 활용한 글쓰기를 시도하여 언어의 경제성을 살려 나갔다. 많은 말을 줄이고 함축의 기법으로 나만의 스타일을 만들어 가는 데 주력했다. 돌이켜볼수록 재미있는 일화인데, 나는 등단의 관문을 거친 작가들을 거의 신격으로 동일시했다. 그만큼 그 자리는 신비롭고 정신을 자유자재로 부려 쓸 수 있는 경지로 본 것이다. 그래서 내가 쓰는 글에 더욱 밀도를 더하였다.

시간의 더께 위에서 글을 쓰며 더욱 확인되는 것은 소박한 문장 속에 수필의 격을 담아내라던 모촌 선생의 강론과, 작은 사물에서도 큰 의미를 유추해내라는 시인 선생의 젊은 날의 채찍이다. 그러한 가르침이 세월 속에 녹아 자신의 문장을 엄격하게 한다. 만약 문학에 대한 갈망으로 허둥댈 때 행여 길을 잘못 들었더라면 앞길이 어찌 되었을까.

이와 같이 나는 시를 쓰던 사람이 수필을 쓰고, 수필 쓰는 사람이 시를 쓰는 격이다. 그러면서 더러는 유년기 등하굣길에 키워온 감성으로, 또 문학에 대한 우회의 길을 걸으며 익힌 내공으로 방대한 서사의 힘을 발휘할 때가 있다. 장르를 넘나드는 것은 글 욕심이 많아서가 아니고, 크게 보아 내 안의 성향을 최대한 살려 쓰기 위함인 것이다. 즉, '나는 나'란 고집을 지켜가는 셈이다.

이러니저러니 해도 수필은 내게 스승이고, 애인이고, 자식이다. 번뇌에 가득 찼다가도 수필을 쓰며 삶의 방향을 잡고, 수필을 쓰며 사람들의 가슴속 결을 읽는다. 그리고 내면을 어루만지고 부풀려 '글 아기'를 낳는다. 낳을 때마다 다 튼실한 우량아는 아니지만, 여리디여려 더 애잔해지는 아기도 있지만, '이게 다 사람 살아가는 모습이지.' 하며 품을 늘리기도 한다.

내가 걸어가는 문학의 길이란 신성한 물을 길어 나르는 행위와 흡사하다. 정갈한 마음가짐으로 수심 깊은 곳의 물 한 그릇 얻는 것과, 잡다한 일상이 너울대는 의식세계를 걸러 그럴듯한 사념의 결 한 가닥 끌어내는 것이 무에 다르겠는가.

　나는 여전히 사유의 길목을 서성이며 새로운 노래가 고이기를 기다린다. 때론 먼 길을 돌아오는 우회의 길일지언정 언어에 저당 잡히지 않으려 촉을 세운다. 내가 자아내는 언어를 통해 누군가 가슴속에 울림이 있다면 그보다 더 큰 보람이 어디 있으랴.

　　　　—《수필세계》 2013. 여름호 '우리 시대의 수필작가'

* '가랑잎'의 평안도 방언.

김선화 수필집

정점 頂點

2016년 9월 30일 초판 1쇄 발행

지은이 김선화 | 펴낸이 김은영 | 펴낸곳 북 나비
출판신고 2007년 11월 19일 제380-2007-00056호
주소 143-835 서울시 광진구 자양로23길 65 (구의동, 1층)
전화 (02)903-7404, 팩스 02-6280-7442
booknavi@hanmail.net
www.booknavi.co.kr

© 김선화 2016
ISBN 979-11-6011-004-3 03810
값 15,000원

※ 잘못된 책은 바꿔 드립니다.